Christiane Noll

IT-GIRLS

{Wie Frauen
die digitale
Welt prägen}

MOLDEN

Für Fabiola &
alle neugierigen, motivierten
jungen Frauen

Inhalt

6   {Vorwort}

10   {Vorbild Steinzeit}

16   {Die Pionierinnen}
|

22   {Sophie Chung; Aus nichts Großes machen}

30   {Sabine Herlitschka; Wer könnte es denn besser als ich?}

40   {Ina Wagner; Eine, die nicht dazu passte}

50   {Lisa-Marie Fassl; Geprobtes Selbstbewusstsein und die Angst vor Zielen}

58   {Sonja Wallner; Sprechdenkerin und strukturierter Sonnenschein}

68   {Sarah Spiekermann; Echte Stärke kultivieren}

78   {Hannah Lux; Lieber Pippi Langstrumpf als Opfer}

86   {Dorothee Ritz; Dirndln und die Macht des Wortes}

94   {Martina Mara; Viele Perspektiven und ein Plädoyer für Männerförderung}

104 {Nina Schmidt; Die Reise ist ein großer Teil des Ziels}

112 {Francine Beleyi; Die Kraft der ersten Reihe und eine 92-jährige Schülerin}

120 {Elena Skvortsova; Sprachlos, unerschrocken und immer besser als die anderen}

128 {Martina Lindorfer; Karriere dank Computerabsturz}

136 {Maria Zesch; Wirbelwindig gegen die Frauen-Schublade}

144 {Christine Antlanger-Winter; Probiere das aus, das ist neu}

152 {Pam Maynard; Was dich anders macht, macht dich stark}

160 {Jacqueline Wild; Klare Kante plus Durchboxen, alles selfmade}

172 {Johanna Pirker; Einen Zehenabdruck hinterlassen}

|

180 {Jede auf ihre Art}

187 {Epilog}

190 {Danke}

192 {Impressum}

</
Christiane Noll

(Begeisterte Managerin, engagierte Mentorin und Geschäftsführerin von Avanade Österreich);

{Vorwort;

Es war einer dieser großen Technologiekongresse in Wien. Im Programm 70 Keynote-Speaker, Diskussionsteilnehmer und Vortragende. Ich war auch dabei. Ich war eine von sieben Frauen am Podium. Sieben Frauen von 70 Vortragenden – das konnte doch im 21. Jahrhundert nicht wahr sein? Was war die Erklärung des Veranstalters, nachdem ich ihn darauf angesprochen hatte? – „Es gibt ja keine Frauen."
Es gibt keine Frauen in der Tech-Branche – zuerst hat mich das wütend gemacht, dann zum Nachdenken gebracht. Ich kannte damals schon viele coole, tolle und überaus intelligente Frauen, die Vorreiterinnen in der Branche sind, mutig Digitalisierung gestalten, stetige Veränderungen in der Tech-Branche treiben, nachhaltige Start-ups gründen und die Wissenschaft prägen. Wie konnte es sein, dass ich über all diese Frauen Bescheid wusste und sie dennoch nicht bekannt waren? Dieser Gedanke ließ mich nicht los und motivierte mich schließlich, dieses Buch zu schreiben. Weil es notwendig ist, und richtig.

Wir digitalisieren – heute jetzt und auch in Zukunft.
Mit diesem Buch möchte ich einigen dieser wunderbaren Frauen eine Bühne geben, ihre Geschichten erzählen und ihre Erfolgsrezepte teilen. Damit möchte ich Menschen, vor allem aber junge Frauen, inspirieren, ihnen Ideen mitgeben und aufzeigen, was alles möglich ist und wie es funktionieren kann. Ich hatte Angst vor Plattitüden und wurde überrascht.
Es gibt nicht nur den einen Weg, jede hat ihren eigenen, individuellen. Ich bin selbst ganz zufällig in die IT-Branche gestolpert. Denn ich hatte mich einst bei Unternehmen in der Umgebung meiner Wohnadresse beworben. So habe ich meine Karriere vor mehr als 25 Jahren in einer Software-Company gestartet. Ich bin vielleicht zufällig dazu gekommen, aber absichtlich geblieben. In all den Jahren hatte ich nie das Bedürfnis, meine Industrie zu wechseln, weil das Arbeiten in der Technologie-Branche ein Abenteuer ist. Keine andere Sparte ist so schnelllebig, so fordernd, so abwechslungsreich. Aber als Frau bin ich hier immer noch eine Exotin.
Einmal im Jahr – am Weltfrauentag – diskutieren wir, wie wir mehr Mädchen motivieren können, sich für Technologie zu interessieren, Frauen überzeugen können, hier zu arbeiten.

Die Diskussionen sind seit Jahren, wenn nicht Jahrzehnten dieselben: Wie bringen wir Frauen in die MINT-Fächer? Schnell wird nach Verantwortlichen gesucht: das Bildungssystem, die Schulen, die Politik. Der Schrei nach Initiativen wird laut. Aber hier gibt es offensichtlich keine einfache Antwort. Ich denke, wenn dem so wäre, hätte sie bereits jemand gefunden. Denn es haben viele Expert*innen, Lehrer*innen, Minister*innen und andere kluge Köpfe darüber nachgedacht.

Das zweite Thema, das an jedem 8. März die Debatte beherrscht, ist die Gläserne Decke. Ja, sie ist noch immer da. Sie ist auch nicht dünner geworden und man durchbricht sie nicht leichter als 1990. Die nächste Frage, auf die es keine einfache Antwort zu geben scheint. Viel wird mit dem Argument zu erklären versucht, dass Frauen, wenn sie sich dafür entscheiden — auch — Mutter zu werden, einen Karriereknick erleben, der nicht mehr so leicht aufzuholen ist. Aber: Ist es das allein? Dann könnte man es mit flexiblen Arbeitszeitmodellen und einem perfekten Ausbau der Kinderbetreuung lösen. Es ist aber nicht das allein! Die Gläserne Decke hat mehr Dimensionen und nach langer Diskussion versucht man sich jetzt mit Quoten zu helfen. Viele, die Quoten abgelehnt hatten — und dafür gibt es viele Gründe — stehen diesen nun offen gegenüber und sehen Quoten als Chance. Quoten als eine Möglichkeit, die hilft. Kein Allheilmittel. Ein Hilfsmittel.

Die Gläserne Decke führt uns zum nächsten Dauerbrenner unter den Gleichberechtigungs-Themen: dem Gender-Pay-Gap. Plakativ wird Ende Oktober jener Tag im Kalender markiert, der zeigt: Ab heute arbeiten Frauen gratis. Dies ist für die Bewusstseinsbildung gut und dennoch irreführend. Wir sollten die Frage zulassen, warum Frauen die weniger gut bezahlten Jobs haben, warum Frauen häufiger in Teilzeitjobs arbeiten und was es braucht, um dies zu ändern. An diesem Punkt kommt ganz stark die Digitalisierung ins Spiel, und die Affinität oder fehlende Affinität von vielen Frauen und jungen Mädchen zur Technik. In einer digitalisierten Welt sind die gut bezahlten Positionen vielfach jene, die technologielastig sind. Finden die nächsten Generationen von Frauen keinen Zugang zur Technologie, werden diese gut entlohnten Berufe und Jobs weiterhin von Männern besetzt werden. Das wird den Gender-Pay-Gap nicht schließen, sondern weiter vergrößern.

Warum scheint nun die Karriere in der IT- und Technologie-Branche wenig attraktiv? Ich denke, weil viele Frauen schlicht ein falsches Bild von den Jobs und der Branche haben. Nein, es sitzen nicht alle als Nerds im Keller vor ihrem Computer mit sieben Monitoren, leeren Pizzaschachteln und Energy-Drink-Dosen, und programmieren den ganzen

Tag. Die Tech-Branche, die Digitalisierung ist unglaublich abwechslungsreich und vielfältig. Es muss nicht jeder programmieren können,
der in der Branche arbeitet. Ich kann es auch nicht. Es muss nicht
jeder an der TU Informatik studieren. Habe ich auch nicht. Was es
braucht, ist ein Verständnis fürs Programmieren. Was es braucht, ist
die Offenheit der Branche und ihrer Vielfalt gegenüber. Jeder und vor
allem jede muss sich in Zukunft mit dem Thema Digitalisierung ausei-
nandersetzen. Die Digitalisierung erfasst ausnahmslos jede Branche.
Wir werden sie überall brauchen – egal ob als Medizinerin, Anwältin,
Buchhalterin, Gastronomin oder Tischlerin. Wir leben im Zeitalter der
Digitalisierung. Die Digitalisierung schafft unglaubliche Möglichkeiten, Dimensionen, von denen wir vor zehn, 20 oder 30 Jahren nie
geträumt hätten. Das macht diese Branche zum Abenteuerland, zum neuen
Land der unbegrenzten Möglichkeiten.

| Ich möchte begeistern – für die Technologie, für die Digitalisierung
  und die digitalisierte Welt.
| Ich möchte motivieren – Einsteigerinnen und Quereinsteigerinnen,
  eine dieser vielfältigen Karrieren in der Technologie zu wählen.
| Ich möchte aufräumen – mit den Vorurteilen, dass hier nur schräge
  Nerds zu Hause sind.

Ich möchte das aus zwei Gründen tun: 1., für die Frauen, damit sie so
wie ich, und all die wunderbaren Frauen in diesem Buch, die fabelhafte
Welt der Technologie kennenlernen und ihre Möglichkeiten darin ergrei-
fen und, 2., für die Unternehmen, denn die Unternehmen brauchen tolle,
motivierte, anders denkende Frauen, um weg vom ewig Selben, hin zu
mehr Diversität zu kommen. Denn Diversität bedeutet Geschäftserfolg.
Diverse Teams bringen Organisationen weiter.
Ich wünsche mir, dass dieses Buch von möglichst vielen Frauen gelesen
wird, von Kindergartenpädagog*innen und Lehrer*innen, von Eltern, von
Jugendlichen ... und vielleicht vom Bildungsminister.
Ich wünsche mir, dass die Geschichten dieser Frauen sie so inspirieren, wie sie mich inspiriert haben. Mich haben die persönlichen
Gespräche mit diesen ganz unterschiedlichen und jede auf ihre Art
herausragenden Frauen unglaublich begeistert. Viele, nein alle, haben
mich sogar überrascht. Ihre Gedanken, ihre Karrieren und ihre Per-
sönlichkeiten sind faszinierend. Sie sind Role Models für uns alle.
Ich möchte jeder Einzelnen für diese Gespräche danken. Als Community
können wir mehr bewegen.

Viel Spaß beim Lesen!

9 0 1 0 1 0 1 0 1 0 1 0 1 0 1 0 1 0 1 0 1 0 1 0 1 0 1 0 1 0 1 0 1 0 1 0 1

{Vorbild Steinzeit;

Hätten wir doch bloß vor 9.000 Jahren als Jäger und Sammler gelebt, unsere Chancen auf Gleichberechtigung im Job wären wohl größer gewesen. Zumindest, wenn wir uns als Frauen dafür entschieden hätten, Großwildjägerin zu werden. Viel zu gefährlich und aufgrund der körperlichen Vorteile reine Männersache? Von wegen. Neueste Forschungsergebnisse zeigen, dass bei den Naturvölkern in der Steinzeit rund ein Drittel der Großwildjäger weiblich waren – eine Quote, die sich im 21. Jahrhundert in kaum einer Chefetage oder einem Aufsichtsrat findet.

Er jagt, sie kümmert sich um Höhle und Heim – dieser Mythos lässt sich nach Grabfunden in Nord- und Südamerika nicht mehr aufrechterhalten. Ins Schwanken gebracht haben die (vermeintliche) Grundlage der heute immer noch weit verbreiteten Arbeitsteilung Grabfunde aus dem Postglazial, der Nach-Eiszeit, auf einer Hochebene in Peru. Dort entdeckten Forscher der University of California in Davis ein Grab, dem Messer, Schaber und mehrere Klingen beigegeben worden waren – typische Grabbeigaben für Jäger. Zu ihrer großen Überraschung stellten die Archäologinnen und Archäologen fest, dass einer der beiden dort bestatteten Jäger eine junge Frau war. Um zu überprüfen, ob es sich dabei um eine Ausnahme handelte – die erste Feministin der Welt und Vorkämpferin für die Gleichstellung im Beruf? – überprüfte das Team um Prof. Randall Haas die Daten von über 400 Toten aus der Eiszeit und Nacheiszeit. Und siehe da: Die Frauenquote bei dem wohl gefährlichsten Job, der damals zu haben war, lag bei rund 30 Prozent.

18 von 100

Vergleicht man diesen Anteil mit der Frauenquote in Technikberufen, bleibt nur ein Fazit: Die Steinzeit war uns in Sachen Diversität voraus. Laut einer Sonderauswertung der Studierenden-Sozialerhebung im Jahr 2019 lag der Anteil der weiblichen Studierenden in den Fächern Informatik- und Kommunikationstechnologie an Österreichs öffentlichen Universitäten bei gerade einmal 22 Prozent, im Ingenieurwesen einen Prozentpunkt höher. Aufgrund der hohen weiblichen Abbrecherquote sind aktuell von 100 Information- und Technikspezialisten in Österreich nur 18 Frauen. International schauen die Zahlen kaum anders aus. Noch schlimmer wird es, je genauer man die Hierarchien von Technologie-Unternehmen unter die Lupe nimmt: Je weiter oben, desto weniger weiblich. Von der starken Präsenz der Großwildjägerinnen sind die IT-,

Kommunikations- und Technologiefirmen so weit entfernt wie wir von der Steinzeit – aber in die umgekehrte Richtung.

Man kann das für ein pures Feminismus-Thema halten oder als „rein akademische Diskussion" abtun, wie etwa das Gendern. Oder man öffnet die Augen und erkennt, worum es wirklich geht: Die mangelnde Präsenz von Frauen in technischen Berufen ist ein gesellschaftliches, volkswirtschaftliches und betriebswirtschaftliches Problem. Ohne Frauen fehlt der Technik etwas; ohne Frauen in den Entscheidungsgremien gehen viele Entwicklungen an den Bedürfnissen der Hälfte der Bevölkerung vorbei; ohne mehr Frauen in den Chefetagen bleibt die Vision einer gleichberechtigten Gesellschaft ein Wunschdenken. Das ist der gesellschaftliche Aspekt.

Ohne mehr Frauen in technischen Berufen werden wir den Mangel an Fachkräften, eines der drängendsten Probleme vieler Unternehmen und die stärkste Wachstumsbremse, nicht beheben können. Ohne mehr Technikerinnen, Ingenieurinnen, Softwareentwicklerinnen und Digitalisierungsspezialistinnen ist der Arbeitsmarkt in absehbarer Zeit ausgetrocknet. Und ohne die ausreichende Verfügbarkeit von Fachkräften ist eine exportorientierte Wirtschaft wie die österreichische im globalen Standortwettbewerb nicht konkurrenzfähig. Das ist die volkswirtschaftliche Dimension.

Bleibt die unternehmensbezogene Dimension, über den akuten und sich verschärfenden Fachkräftemangel hinaus. Der internationale Wettbewerb wird zunehmen, befeuert durch die Digitalisierung. Innovationen werden in diesem Wettbewerb kein „nice to have" sein, sondern wesentliche Grundlage zukünftiger Erfolge und Wachstumschancen. Gut gemeinte Ratschläge für die Förderung von Innovationen und die Schaffung eines innovativen Klimas gibt es viele. Sie reichen von der Schaffung der Position eines „Chief Innovation Officers" bis zum Tipp, über den Tellerrand hinaus in andere Industrien zu schauen oder einfach kreativ zu sein. Vieles davon ist nicht so leicht umgesetzt bzw. eignet sich eher als Spruch für einen Managementkalender an der Wand als für die Praxis. Gerne übersehen wird dabei der zentrale Schlüssel zu Innovationen und damit zur Zukunft: Diversität. Zahlreich Studien belegen, dass diverse Teams bessere Leistungen bringen als homogen zusammengesetzte. Sie belegen, dass Unternehmen, in denen Diversität einen hohen Stellenwert hat, wirtschaftlich erfolgreicher sind.

Je vielfältiger, desto innovativer

Eine der Grundregeln für erfolgreiche Unternehmensführung in der Zukunft lautet daher: Fördere Diversität. Dabei geht es nicht nur um einen gerechten Frauenanteil in Teams und Führungsetagen. Diversität bedeutet mehr: Es bedeutet die Einbeziehung von Menschen verschiedener ethnischer Herkunft, verschiedener sexueller Orientierung, unterschiedlicher Altersgruppen und religiöser Überzeugungen, die Einbeziehung von Menschen mit Handicaps und mit unterschiedlichen Bildungswegen und Qualifikationen. Gemeint ist damit nicht nur deren formale Einbeziehung, also eine Pro-Forma-Beschäftigung, um irgendwelche Quoten oder moralische Verpflichtungen zu erfüllen. Gemeint ist deren echte Gleichstellung im unternehmerischen Alltag.

Wer das für ein regenbogenbunt schillerndes Anliegen für folgenlose Sonntagsreden hält – montags im Büro ist dann eh wieder alles anders –, der irrt gewaltig. Studien des Beratungsunternehmens Accenture belegen, dass eine Kultur der Gleichstellung die Innovationsfähigkeit und das Wachstum von Unternehmen positiv beeinflussen. Konkret bedeutet das, dass eine echte, gelebte Gleichstellungskultur nicht nur ein sozialer Akt ist, sondern eine betriebswirtschaftliche Notwendigkeit. Zugespitzt formuliert: Je mehr Vielfalt, desto mehr Innovationsspirit. Wollen Unternehmen in der Zukunft erfolgreich sein, brauchen sie eine engagierte Inklusionskultur.

Für die verschiedenen Accenture-Studien zum Thema Gleichstellung und Gleichberechtigung wurden jeweils mehrere tausend Beschäftigte in über 20 Ländern befragt. Über alle Hierarchieebenen und Ländergrenzen hinweg lässt sich dabei feststellen, dass Menschen, wenn sie ein Zugehörigkeitsgefühl zu einem Unternehmen verspüren, wenn sie das Gefühl haben, dass ihre Beiträge und Meinungen geschätzt werden, viel eher bereit sind, sich zu engagieren, voranzugehen und neue Ideen zu entwickeln – also all das erfüllen, was eine Innovationskultur ausmacht.

Faktor Fünf

Beispiel Deutschland: Hier haben die Accenture-Experten festgestellt, dass die Innovationsbereitschaft und -fähigkeit in einem von einer starken Gleichstellungskultur geprägtem Unternehmen fast fünfmal höher ist als in Betrieben, in denen das Thema Gleichstellung eher weiter unten in der Prioritätenliste liegt oder gar keine Rolle spielt. Und dieser Gap wird in den kommenden Jahren größer werden. Denn schon jetzt zeigt sich in der Arbeitswelt, dass rein technische Qualifikationen und Kenntnisse zwar wichtig, persönliche Skills, Kreativität und Innovationsfähigkeit und -freude jedoch die entscheidenden Erfolgsfaktoren sind. Und deren Bedeutung wird zunehmen.

Aber was macht eine Kultur der Gleichstellung und Gleichberechtigung eigentlich aus? Woran erkennt man sie? Ein zentrales Kriterium ist, ob besonders Frauen der Weg nach oben im Unternehmen offensteht. Das bedeutet nicht, dass sich die Gleichbehandlung in Unternehmen allein auf Frauen beschränken sollte. Sie muss, um wirkliche Diversität zu erreichen, auch Vielfalt in Bezug auf Bildungswege, ethnische Herkunft, Alter oder sexuelle Orientierung umfassen. Aber es wäre einmal ein Anfang, diese Hälfte der Bevölkerung zu berücksichtigen. Denn wer auf diese weiterhin verzichtet bzw. diese ausschließt, wird weder die benötigten Fachkräfte finden noch ein innovationsfreudiges Klima schaffen, was notwendig ist, um im zukünftigen Wettbewerb zu bestehen.

Vertrauen und Fehlerkultur

Stellt sich die Frage, wie eine Kultur der Gleichstellung und damit der Innovationsaufgeschlossenheit geschaffen werden kann. Aus meiner Erfahrung kann ich sagen, dass Diversität oben beginnt – sowohl im eigenen Kopf und als auch an der Spitze einer Organisation. Es braucht ein aufgeschlossenes Führungsteam, das Diversitätsziele formuliert und kommuniziert. Weiters sind diskriminierungsfreie Strukturen und ein befähigendes Umfeld notwendig, wie die Accenture-Experten definieren. Wobei der Faktor „befähigendes Umfeld", auch das zeigen die Studien, den größten Einfluss auf eine Gleichstellungskultur haben. Zu verstehen ist darunter ein von Vertrauen geprägtes Arbeitsumfeld, das die Mitarbeitenden respektiert und ihnen Freiräume für Kreativität schafft – inklusive der Möglichkeit, Fehler machen zu dürfen.
Spätestens an dieser Stelle werden in Diskussionen die ersten Bedenken formuliert: Klingt alles schön und gut, aber in der Praxis sind diverse Teams schwerer zu führen, Entscheidungen sind komplizierter und dauern länger, es gibt mehr Konflikte, die Kommunikation ist aufwändiger, viel mehr Meetings sind notwendig, um zu einem Ergebnis zu kommen – so die häufigsten Einwände. Ja, das kann durchaus zutreffen und sollte nicht weggeredet werden. Entscheidend ist aus meiner Sicht aber, was am Ende als Ergebnis herauskommt. Und hier zeigt sich, dass Teams mit unterschiedlichem Hintergrund und unterschiedlichen Erfahrungen Probleme aus verschiedenen Blickwinkeln betrachten und daher meist mehrere Lösungswege finden. Und unter diesen verschiedenen Wegen ist dann auch der „goldene Weg".
In einem sich schnell ändernden Businessumfeld, in dem sich Konsumenten und Märkte rasant verändern und morgen schon als veraltet gilt,

was es heute noch gar nicht gibt, ist dieses Denken in mehreren Dimensionen und Lösungswegen der eindimensionalen Lösungsfindung deutlich überlegen. Denn es ermöglicht einem Unternehmen, schneller zu reagieren und sich rascher veränderten Marktbedingungen anzupassen, da immer schon die verschiedensten Szenarien mitgedacht worden sind.

Gedankliche Bewegungsenergie

Ein weiteres Bedenken in Bezug auf die Gleichstellung lautet: Wenn Quote mehr zählt als Qualität, leidet die Leistung, das Ergebnis ist schlechter. Ich sehe das genau umgekehrt: Die Quote führt zu besseren Ergebnissen, weil mehr Perspektiven berücksichtigt, mehr Aspekte einbezogen werden, mehr Ideen aufeinandertreffen. Diverse Teams sind wie Teilchenbeschleuniger, in denen gewaltige (gedankliche) Bewegungsenergie entsteht.

Was die Entwicklung zu mehr Diversität in Unternehmen beflügeln sollte: Sie ist leichter zu erreichen als die meisten anderen Managementziele und einfacher umzusetzen als viele Zukunftsstrategien. Die Organisation verschlanken, Entscheidungsprozesse beschleunigen, mehr Kundennähe und Marktführerschaft – all das ist schnell formuliert, aber schwer umgesetzt. Bei der Diversität dagegen reichen schon kleine Schritte, um große Fortschritte zu erzielen. Freie Positionen gezielt mit Branchenfremden zu besetzen, mit Menschen mit einem anderen kulturellen Hintergrund oder einer ganz anderen Ausbildung – das kann schnell spürbare Verbesserungen bei der Gleichstellung und dem Innovationsklima bewirken. Das gilt besonders für die Präsenz von Frauen in den Führungsetagen technologiegetriebener Unternehmen. Denn wie junge Mädchen für technische Berufe begeistern, wenn die Chefs dort alle männlich sind und die weiblichen Role Models fehlen? Genau um dieses Defizit auszugleichen, ist ja auch die Idee für dieses Buch entstanden.

Achtung, blinder Fleck!

Was die Entwicklung umgekehrt bremsen könnte: Ein Mangel an Selbsteinschätzung. Viele Führungskräfte überschätzen, wie weit ihr Unternehmen bei der Gleichstellung tatsächlich ist. Das belegt die Studie „Getting to equal" des Beratungsunternehmens Accenture, für die Mitarbeitende und Führungskräfte in 28 Ländern befragt wurden. Wie getrübt der Blick aus der Chefetage ist, zeigt das Beispiel Deutschland, welches sicherlich mit Österreich vergleichbar ist: Sieben von zehn befragten Führungskräften sind überzeugt, dass in ihrem Unternehmen eine Kultur herrscht, in dem die Beschäftigten sich zugehörig fühlen. Befragt man umgekehrt die Beschäftigten, stimmt aber nur jeder Dritte dieser Einschätzung zu. Hier klafft also eine gewaltige Wahrnehmungslücke.

Leider behindert dieser große blinde Fleck Fortschritte auf dem Weg zu einer echten Diversity-Kultur. Das zeigt sich plakativ bei der Befragung der Führungskräfte zu ihren Prioritäten. Zwar haben die meisten Chefinnen und Chefs Themen wie Vielfalt und Unternehmenskultur auf ihrer TOP-Agenda, was sich allerdings in ihrer Prioritätenliste so nicht widerspiegelt. Drei von vier Befragten sehen Markenbekanntheit und Qualität sowie die finanzielle Performance ganz oben auf ihrer Prioritätenlisten, nur 22 Prozent setzen Vielfalt und Kultur an die Spitze ihrer Aufgaben.

Aber wie aus diesem Dilemma herauskommen? Wie dabei unterstützen, dass Frauen in Tech-Unternehmen präsenter und sichtbarer sind? Einer der kritischen Faktoren liegt in der Schulbildung, das belegt die bereits erwähnte Auswertung der Studierenden-Sozialerhebung. Es zeigt sich, dass die Erfolgsquoten in einem MINT-Studiengang bei denjenigen, die an einer Höheren Technischen Lehranstalt (HTL) maturiert haben gegenüber AHS-Absolventen deutlich höher sind. Das Problem: Nur acht Prozent der Studentinnen, die sich für ein MINT-Studium entscheiden, kommen von einer HTL. Bei den männlichen Kommilitonen sind es 37 Prozent – und damit mehr, als von einer AHS kommen.

Doch selbst wenn junge Mädchen sich für eine HTL entscheiden und dort maturieren, entscheidet sich nur jede Siebte für ein MINT-Studium. Bei den männlichen Mitschülern ist es jeder Zweite.

Mit diesen Analysen ist das Fundament gelegt. Jetzt geht es darum, darauf gemeinsam etwas Neues aufzubauen. Denn was praktisch alle Studien zeigen: Mädchen sind nicht weniger intelligent oder auch nur grundsätzlich weniger technikinteressiert, sie müssen ermutigt werden – und diese Ermutigung kann nicht früh genug beginnen. Und sie brauchen Role Models, Vorbilder, die zeigen, dass es möglich ist, auch als Frau in eine Spitzenposition in der Tech-Branche zu kommen – und auch wie. Denn darin besteht Ermutigung: Das Ziel aufzuzeigen und auch Möglichkeiten, dorthin zu kommen. Dazu möchte ich mit diesem Buch einen Beitrag leisten.

{Die Pionierinnen;

Eine kleine Geschichte großer Frauen

Sie mussten sich als Mann ausgeben oder brauchten einen männlichen Unterstützer, der für sie Bücher aus den Bibliotheken auslieh, weil ihnen der Zutritt grundsätzlich verwehrt war. Sie bekamen Blasenentzündungen, weil das nächste Damen-WC Kilometer entfernt war, wenn es denn überhaupt eines gab. Die Geschichte von Frauen in der Technik ist eine Geschichte der Widerstände und Hindernisse. Widerstände, die im Laufe der Jahrzehnte von mutigen Frauen überwunden wurden, schrittweise, nicht revolutionär. Diese Frauen waren echte Pionierinnen, die unbeirrt ihren Weg durch einen Dschungel von Konventionen und männlichen Vorbehalten gingen.

Was sie alle gemeinsam haben: Sie teilen das Schicksal vieler Künstler*innen, die zu Lebzeiten verkannt und erst posthum geehrt wurden. Ein Paradebeispiel dafür versteckt sich hinter den drei Buchstaben „Ada" — so benannte das Pentagon die universell einsetzbare Programmiersprache, deren Entwicklung 1975 vom US-Verteidigungsministerium in Auftrag gegeben wurde. Zu diesem Zeitpunkt war Namensgeberin Ada Lovelace, die als erste Programmiererin der Welt gilt, bereits seit 123 Jahre tot.

Spät erst wurde auch die NASA-Pionierin Kathleen Johnson vom damaligen US-Präsidenten Barack Obama geehrt. Mit 97 Jahren wurde ihr die Presidential Medal of Freedom verliehen, eine der höchsten zivilen Auszeichnungen, die in den USA vergeben werden. Johnson hatte als Mathematikerin über 30 Jahre, von 1953 bis 1986, im NASA-Forschungszentrum gearbeitet und dort komplexe Berechnungen für die Raumfahrtmissionen erstellt. Sie hatte allerdings ein doppeltes „Handicap", das der Anerkennung ihrer Arbeit im Wege stand: Sie war eine Frau und Afroamerikanerin. Wirklich bekannt wurden Johnson und ihre beiden Kolleginnen Dorothy Vaughan und Mary Jackson erst durch den Spielfilm „Hidden Figures", der die Geschichte der drei Mathematikerinnen bei der NASA erzählt.

14 Jahre nach ihrem Tod im Jänner 2000 wurde die Österreicherin Hedy Lamarr in die amerikanische National Inventors Hall of Fame aufgenommen. Seit 2018 vergibt die Stadt Wien den Hedy Lamarr Preis an Forscherinnen in Österreich für herausragende Leistungen im Bereich der

Informationstechnologie. Mehrere Preisträgerinnen finden sich auch
als Gesprächspartnerinnen in diesem Buch. Lamarr wurde als Schauspielerin bekannt, entwickelte aber im Zweiten Weltkrieg auch eine
störungssichere Funksteuerung für Torpedos unter Verwendung eines
Frequenzsprungverfahrens, welches als Basis der heutigen Bluetooth-
Technologie gilt.

Frauen, nein danke!

Alle diese Pionierinnen haben sich ihre Verdienste erworben, als die
Gesellschaft noch streng patriarchalisch geprägt war. Als Frauen eine
fix zugewiesene Rolle hatten als Hausfrau, Mutter und Begleiterin
ihres Mannes, also als Zuschauerin einer männlich bestimmten Welt.
Die Ausbildung der Frauen bestand darin, sie auf diese Rolle vorzube-
reiten. Der Zutritt zu Bibliotheken und Universitäten war ihnen verwehrt. Auch an der Technischen Universität Wien sind Frauen erst seit
1919 zugelassen – allerdings unter der Voraussetzung, dass sie „ohne
Schädigung und Beeinträchtigung der männlichen Studierenden nach den
vorhandenen räumlichen und wissenschaftlichen Einrichtungen" Platz
finden, wie es in einem damaligen Erlass des Ministeriums heißt.
Kein Zutritt für Frauen – solche „Kleinigkeiten" konnten die Pionierinnen nicht aufhalten. Die französische Mathematikerin Sophie
Germain, die von 1776 bis 1831 lebte, lieh sich von einem Studenten
die Vorlesungsunterlagen der Ecolé Polytechnique, um sich in einer
Art „Fernstudium" selber auszubilden. Als ihr Bekannter in den Wir-
ren der Französischen Revolution ums Leben kam, studierte sie unter
dessen Namen heimlich weiter, Aufgaben und Lösungen wurden über den
Postweg übermittelt. Das Problem: Ihre Leistungen waren überdurch-
schnittlich gut, weshalb ihr Professor den talentierten „Studenten"
gerne persönlich kennenlernen wollte. Die Überraschung ging gut aus,
der Professor entschied sich für die Wissenschaft und gegen das vor-
herrschende Geschlechterbild und förderte Sophie Germain offen. Der
Rest ist Mathematikgeschichte.
Von der Technik, von Maschinen fasziniert war auch die zuvor erwähnte
Ada Lovelace bereits in jungen Jahren. Schon als 12-Jährige wollte
sie – angeblich – eine Flugmaschine bauen. Ihr technisches Interesse war gewissermaßen ein Gegenentwurf zur Karriere ihres Vaters,
dem englischen Romantik-Dichter Lord Byron. Kurz nach der Geburt
von Ada ging die Ehe auseinander. Adas Mutter, mathematisch begabt,
erzog ihre Tochter konsequent naturwissenschaftlich, praktisch als
Gegenthese zum unberechenbar emotionalen Dichter-Vater. Über ihr

technisches Interesse kam sie in Kontakt mit dem Mathematiker Charles Babbage, der damals an einer mechanischen Rechenmaschine arbeitete. Als Babbage Lovelace 1842 bat, einen auf Französisch verfassten Artikel über seine „Analytical Engine" ins Englische zu übersetzen, vertiefte sie sich in dieses Thema und fügte der Übersetzung eigene Betrachtungen und Überlegungen bei. In Summe wurde der Artikel dadurch dreimal so umfangreich wie das Original. Denn Lovelace erkannte, dass die Maschine weit mehr konnte als nur numerische Berechnungen. „Der analytische Automat nimmt einen Rang ganz für sich alleine ein", notierte sie. In einer weiteren Anmerkung lieferte sie eine Anleitung zur Berechnung der sogenannten Bernoulli-Zahlen, einer bestimmten Folge rationaler Zahlen – und schrieb damit im Grunde das erste Computerprogramm der Welt.

100 Jahre voraus

Vor allem aber: Ada Lovelace erkannte als erste das Potential einer solchen „Rechenmaschine", nämlich das Verarbeiten auch von Buchstaben, Musiknoten oder Bildern. Damit formulierte sie als erste die Vision einer modernen Datenverarbeitung – 100 Jahre, bevor der Deutsche Konrad Zuse die erste programmierbare Rechenmaschine konstruierte, den Z3.

Diese Frauen waren noch Ausnahmeerscheinungen in der Technikwelt. Das änderte sich bemerkenswerter Weise durch das Aufkommen der elektronischen Datenverarbeitung. Die Anfänge der Informationstechnologie waren eindeutig weiblich. „Informationstechnologie" – das bedeutete in den vierziger und fünfziger Jahren des vergangenen Jahrhunderts, raumgroße Rechner mit Daten zu füttern, die per Lochkarten eingelesen wurden, und die passenden Rechenfunktionen durch das Umstecken von Kabelverbindungen herzustellen. Die Ergebnisse wurden dann wiederum per Lochkarten ausgegeben. Das Bearbeiten von Lochkarten galt damals als bessere „Sekretärinnenarbeit" – und war folglich Frauensache. Daher waren die ersten Programmiererinnen fast ausnahmslos weiblich.

Der Zweite Weltkrieg brachte der Datenverarbeitung einen gewaltigen Push. Denn das Berechnen von Geschossbahnen von Raketen und Granaten erforderte gewaltige Rechenleistungen. Die sollte der erste elektronische Universalrechner „Eniac" erbringen, der allerdings erst nach Kriegsende fertiggestellt wurde. Mit 17.000 Elektronenröhren erbrachte er eine bis dahin nie erreichte Rechenleistung. Allerdings musste der Großrechner, der 27 Tonnen wog und 150.000 Watt verbrauchte, nach jeweils vier Stunden wegen drohender Überhitzung abgeschaltet werden und eine Pause zum Abkühlen einlegen.

„Angelernte" Uni-Absolventinnen

Mit Daten gefüttert wurde die Mega-Maschine von sechs Frauen, die für die Programmierung – also das Lösen der jeweiligen Rechenaufgabe – die einzelnen Kabelverbindungen entsprechend umstecken mussten. Die sechs waren allesamt Mathematikerinnen, wurden aber als „angelernte" Mitarbeiterinnen eingestuft und entsprechend niedrig entlohnt. Bei der offiziellen Präsentation des Superrechners im Jahr 1946 wurden allerdings nur die an dem Projekt beteiligten Männer vorgestellt – die Ehrung der sogenannten „Eniac-Frauen" erfolgte erst 50 Jahre später bei einem Festakt im Silicon Valley.

Früher zu öffentlicher Anerkennung kam die 1906 geborene Amerikanerin Grace Hopper, eine weitere Pionierin der Informatik. Sie schloss ihr Mathematik- und Physikstudium in Yale mit Auszeichnung ab, arbeitete dann an der Harvard University mit dem „Mark I", dem ersten vollelektronischen Rechner der Welt. 1952 entwickelte sie den ersten Compiler, eine Software, die komplexere Programmierkommandos in eine binäre, maschinenlesbare Sprache übersetzt. Berühmt auch über die Grenzen Amerikas hinaus wurde sie durch die Entwicklung der Programmiersprache „COBOL" (Common Business Oriented Language). Das Besondere daran: Hoppers Programmiersprache funktioniert mit umgangssprachlichen Worten. Grace Hopper blieb stets der Wissenschaft verbunden, lukrative Jobs aus der Privatwirtschaft schlug sie aus, etwa von IBM. „Das war zu der Zeit, als bei IBM alle gleich angezogen waren, eine IBM-Flagge auf dem Schreibtisch hatten und IBM-Lieder sangen. Das war zu viel für mich", erklärte sie Jahre später in einem Interview.

Wie kochen

Hopper war allerdings auch eine Pionierin im Kleinreden ihrer eigenen Leistung. In einem Interview mit der Frauenzeitschrift „Cosmopolitan" erklärte sie ihre Arbeit so: „Programmieren ist wie Abendessen vorbereiten. Man muss vorausplanen und alles so terminisieren, dass es fertig ist, wenn man es braucht. Das geht nur mit Geduld und dem Blick für Details. Frauen sind Naturtalente im Programmieren."

Eine wesentliche Rolle spielten Frauen zu jener Zeit bei der NASA. Die komplexen mathematischen Kalkulationen für die ersten Berechnungen von Flugbahnen ins All wurden oft von Frauen in Hinterzimmern erledigt, ausgestattet meist nur mit Zettel, Stift und einfachsten Rechenmaschinen. Das ging über die drei afroamerikanischen Mathematikerinnen Katherine Johnson, Dorothy Vaughan und Mary Jackson, die Vorbilder für den Spielfilm „Hidden Figures", weit hinaus.

Code-Bücher bis Kopfhöhe

Eine der bekannteren NASA-Mathematikerinnen ist Margaret Hamilton. Sie leitete die Programmierung sämtlicher Systeme an Bord der Apollo-Raumkapseln – zu einer Zeit, als Informatik noch eine Spielwiese für Nerds war. Ein Foto aus dem Jahr 1969 zeigt sie neben einem wackeligen Turm aus bedruckten Seiten, der vom Fußboden bis zu ihrem Kopf reicht: Die Code-Bücher für die Apollo-Software. Ihr damals revolutionärer Ansatz: Ein sich selbst beobachtendes System zu entwickeln, das eine ständige Kommunikation zwischen Hardware, Software und dem sie bedienenden Menschen ermöglicht.

Ihr System rettete den Erfolg der Mondfähre Eagle, als kurz vor deren Landung Warnsignale an den Computern aufleuchteten. Hamiltons Software hatte ein Hardwareproblem erkannt und sofort automatisch alle in diesem Moment irrelevanten Aufgaben der Rechner abgebrochen – wodurch Neil Armstrong und Buzz Aldrin sicher auf dem Mond landen konnten. Auch ihre Rolle wurde jahrzehntelang nicht wahrgenommen, den Ruhm ernteten andere, meist Männer. Erst 2003 zeichnete die NASA sie aus, 2016 verlieh ihr Präsident Barack Obama die Medal of Freedom. Und: Margaret Hamilton ist Teil des Lego-Figurensets „Woman of NASA" auch das ist eine Form der Auszeichnung.

Die Liste der Pionierinnen, Vorbilder und Role Models lässt sich lange fortsetzen. Die amerikanische Ordensschwester Mary Kenneth Keller war Mitentwicklerin der Programmiersprache „BASIC" und die zweite Person in den USA, die einen Doktortitel in Computer Science erhielt. France Ellen, renommierte Compiler-Spezialistin, war der erste weibliche „IBM Fellow", die höchste technische Karrierestufe und Auszeichnung des Konzerns. Mitte der 1990er Jahre wurde sie die erste Präsidentin der IBM Academy of Technology.

Betten-Quote

Die Softwareentwicklerin Radia Perlmann gilt als „Mutter des Internets". Ihre Erfindung des „Spanning Tree Protocols" ist die Basis von Switch-Infrastrukturen und komplexen Rechennetzwerken. 1951 geboren, wuchs sie zwar in einer Zeit auf, in der auch Frauen auf Universitäten studieren konnten. Allerdings gab es auch hier Hindernisse. „Ich kam zu einer Zeit zum Massachusetts Institut of Technology, dem MIT, als die Zahl der weiblichen Studierenden durch die zur Verfügung stehenden Schlafmöglichkeiten für Frauen begrenzt war", erinnert sie sich. Folglich waren unter den damals rund 1.000 Studierenden gerade einmal 50 Frauen.

Auch wenn die USA führend in der Informatik waren – und es wohl auch noch heute sind – und daher entsprechend viele IT-Pionierinnen Amerikanerinnen sind, es gibt auch europäische Role Models. Zum Beispiel die Britin Stephanie Shirley. In Deutschland als Vera Stephanie Buchthal geboren, flüchtet sie vor den Nationalsozialisten und gründet in den 1960er Jahren in England die Softwarefirma „F International Group". Nur – die Käufer bleiben aus. Erst als sie ihre Angebote mit „Steve" unterschreibt, kommen die ersten Kunden. Sie baut ihr Unternehmen aus, ausschließlich mit weiblichen Programmiererinnen. Selbst Mutter, führt sie flexible Arbeitszeiten ein und ermöglicht Homeoffice – Jahrzehnte vor Corona. Echtes Female Empowerment, auch da ist Stephanie Shirley eine wahre Pionierin. Ironie der Geschichte: Ausgerechnet das 1975 beschlossene britische Gleichstellungsgesetz, ursprünglich zur Gleichbehandlung von Frauen gedacht, zwingt die Unternehmerin, ihre Personalpolitik zu ändern und auch Männer einzustellen. Immerhin, ihr Unternehmen überlebt das.
Und das Fazit? „Ich wurde ausgelacht, weil ich als Frau Software verkaufen wollte", erinnert sich Stephanie Shirley, „aber ich hatte eine Entschlossenheit aufgebaut, dass ich mich nicht von anderen Leuten definieren lassen wollte."
„Wir hatten keine andere Wahl, als Pionierinnen zu sein", sagt die langjährige NASA-Softwarechefin Margaret Hamilton. Und die NASA-Mathematikerin Kathleen Johnson beschrieb ihre berufliche Laufbahn so: „Wir Frauen mussten in dieser Zeit durchsetzungsfähig sein, bestimmt und aggressiv. Davon hing ab, was man erreichte."
Als die Österreicherin Hedy Lamarr drei Jahre vor ihrem Tod von der amerikanischen Electronic Frontier Foundation (EFF) einen Pionier-Award für ihre Erfindung erhielt, bedankte sie sich mit den Worten: „Danke. Ich hoffe, Sie fühlen sich so gut wie ich und es ist nicht vergebens gewesen." Das war es nicht.

</
Sophie
Chung

(Founder & CEO Qunomedical);

Steckbrief<<<Gesucht>>>
| Founderin mit schwarzem Gürtel

Sophie Chung hat an der Medizinischen
Universität Wien Medizin studiert, danach als
Ärztin in Australien und als Beraterin bei
McKinsey gearbeitet, bevor sie 2015 ihr Start-up
Qunomedical gründete.

{Aus nichts Großes machen;

Ärztin, Beraterin, Founderin – nein, das sind nicht drei
Lebensläufe von drei Frauen, es sind die Stationen in
Sophie Chungs Lebenslauf. Und sie ist 38 und nicht
83. Wie diese Karriere möglich ist, möchte ich gern erfahren von dieser strahlenden, energiegeladenen und
sympathischen Frau. „Mein Papa ist Programmierer",
fängt Chung an zu erzählen. „Wir hatten früh Computer zu Hause und ich bin im Dunstkreis von Technologie
aufgewachsen. Und ich bin in Linz in ein Gymnasium
gegangen, das ein Freifach Programmieren hatte." Hier
wurde der Grundstein gelegt. Nach dem Gymnasium
folgte aber dann doch das Medizinstudium an der Medizinischen Universität Wien. Nicht nur das: Sinologie
und Philosophie ergänzten den Stundenplan. „Ich wollte Professorin werden und dann zu Ärzte ohne Grenzen
gehen", erinnert sich Sophie Chung an ihre Motivation
und ihre einstigen Zukunfts- und Berufspläne. „Ein Zufall" in Gestalt des Beraterriesen McKinsey holte sie

aus der Medizin raus. „Das war mein Zwischenschritt in die Wirtschaft – zu einer Zeit als die Digitalisierung in Deutschland und Österreich Fahrt aufnahm, E-Commerce groß wurde und Zalando und Co gegründet wurden", erinnert sie sich und fügt hinzu: „Hier habe ich Blut geleckt." Die Gedanken kreisten, welche Potenziale die Digitalisierung in der Medizin hätte. Ein Job in New York bei einem Start-up festigte den Wunsch, selbst etwas aufzubauen. „Ich kam zurück und habe gegründet. Es war ein evolutionärer Prozess."

Gründen übt auf Sophie Chung eine Faszination aus. „Aus nichts etwas Großes machen, das vielen Menschen nutzt", fasst sie den Spirit zusammen. Das schafft man nicht in der analogen Welt.

„Was haben die Eltern dazu gesagt?", will ich nun wissen, „Haben sie dich unterstützt?" Die Eltern waren, wie vielleicht zu erwarten, besorgt. „Sie waren schockiert, dass ich nicht Ärztin werde", antwortet Chung und fügt hinzu: „Aber sie haben auch verstanden, dass ich meinen Weg gehen muss. Ich lebe nicht den Traum meiner Eltern, sondern mein eigenes Leben."

Christian – groß, blond, Mann

Diese Durchsetzungskraft hat ihr sicher auch in der ersten Finanzierungsrunde geholfen, die sie alleine als Single-Founderin absolvierte. Ihre Branche ist stark männerdominiert, wie hat Chung sich zugetraut, die Finanzierung zu holen? „Ich bin glücklicherweise mit Naivität an die Sache herangegangen. Ich habe mir keine Sorgen gemacht. Das war auch noch eine Zeit, in der noch nicht so viel darüber gesprochen wurde, dass die Gründerszene männlich ist und die Kapitalgeberszene ebenso. Mir war das nicht bewusst, dass ich in einer männlichen Welt bin", erzählt sie. „Ich weiß allerdings nicht, wie es gelaufen wäre, wenn ich ein großer, blonder Mann wäre und Christian hieße", sagt sie mit Augenzwinkern.

Schwarzer Gürtel und rosa Kleider

Power durch und durch, denke ich mir. Chung hat einen schwarzen Gürtel in Karate. „Ohne Selbstbewusstsein wird man aufgefressen", sagt sie voller Überzeugung. „Jungs lernen das von klein auf, wie man mit stolzer Brust durchs Leben geht. Bei Mädchen ist das anders. Ich habe eine 20 Monate alte Tochter. Ich sehe im Kindergarten, wie die Erzieherinnen anders auf laute Mädchen als auf laute Jungs reagieren." Frauen, so meint sie, werden früh nach dem Aussehen und danach, wie andere sie sehen, beurteilt. „Das trägt dazu bei, dass Frauen nicht das Selbstbewusstsein von Männern haben", analysiert sie. Wie macht sie das aber mit ihrer eigenen Tochter, drängt sich für mich als Frage auf. „Ich merke schon, wenn ich in der Früh Zöpfchen flechte und Schleifen dran mache. Aber ich versuche ihr auch jeden Tag zu sagen, dass sie mutig, stark und toll ist – keine klassischen Attribute wie hübsch, süß und lieb", erzählt die erfolgreiche Unternehmerin, die auch ganz bewusst versucht, ihre Tochter nicht nur in Rosa und Blümchenmuster zu kleiden. Im Adventkalender sind auch Autos, Dinosaurier und Raketen. „Man muss Kindern beides anbieten. Wenn sie gerne Ballett tanzen will, dann soll sie, wenn sie aber Fußball spielen möchte, dann soll sie das machen", erläutert sie ihren Ansatz.

Ersetzen oder Ergänzen

Machen wir einen Themenschwenk zu ihrem Unternehmen zurück. Ich möchte gern mehr über ihre Einschätzung als Founderin eines Medizin-Start-ups zu Digital Health, Telemedizin und Co wissen. Wie schätzt Chung das Potenzial ein?

Es gäbe zwei Denkweisen wie man die Digitalisierung der Medizin betrachten könne, meint die studierte Medizinerin. „Eine These geht davon aus, dass die Technologie den Menschen ersetzt. Die andere davon, dass die Technologie den Menschen ergänzt." Sophie Chung ist klar davon überzeugt, dass die Technologie in der Medizin enorm viel weiterbringen kann. „In der Medizin ist der zwischenmenschliche Faktor wichtig. Wir können Technologie da einsetzen, wo der Mensch nicht notwendig ist – in der Verwaltung etwa", erläutert sie ihre Gedanken. Es gehe darum, die Menschlichkeit in die Medizin zurückzubringen und Technologie zu nutzen, um dies „perfekt zu machen". „Ärzte sind die teuerste Ressource. Sie haben sechs Jahre studiert, eine Facharztausbildung gemacht. Wir haben einen Ärztemangel – und dann administrieren Ärzte vier Stunden am Tag", führt sie aus.

Digitales Schaufenster

Wieviel Digitalisierung steckt nun in Chungs Firma? „Sehr viel und täglich wird's mehr", sagt sie. „Anfangs waren wir ein digitales Schaufenster. Dahinter war alles manuell. Aber man muss irgendwo anfangen. Dann muss man digitalisieren, sonst ist es nicht skalierbar", weiß sie und ergänzt: „Wenn man sich die Patientenjourney end to end ansieht, haben wir einen Digitalisierungsgrad von 60 bis 70 Prozent. Wir peilen 90 bis 95 Prozent an. Den menschlichen Faktor setzen wir genau da ein, wo wir ihn brauchen."

Kommt in Chungs Unternehmen auch schon KI zum Einsatz? Nein, lautet die Antwort, denn dazu hätten sie noch zu wenige Daten, um es erfolgreich tun zu können.

Wie schätzt Chung das Potenzial von Telemedizin ein? Es folgt eine ambivalente Antwort. „Ich finde es spannend. Es war ein Hype-Thema. Ich bin nicht auf der Hype-Seite", stellt sie klar. Warum? „Die Telemedizin hat viele gute Einsatzbereiche. Zum Beispiel im Monitoring, beim Begleiten, nach der interventionellen Phase. Aber es ist keine Stand-Alone-Lösung. Wenn ein Patient sagt, ich habe Halsweh, muss ich ihm in den Rachen schauen können. Das geht nicht via Skype. Wenn er Bauchweh hat, muss ich seinen Bauch abtasten. Geht genauso wenig. Das sind Limitierungen im einfachen Gebrauch", führt sie aus und ergänzt noch: „Man muss immer den Patienten als Ganzes betrachten."

Relativ binär gerade

Wie schaut der Alltag von Sophie Chung aus? „Ich bin mit meiner Tochter ein bisschen fremdbestimmt. Ich versuche strukturiert an die Sache heranzugehen: Kind, Arbeit, Kind, Arbeit. Es ist relativ binär gerade", erzählt die junge Mutter und will das aber nicht so dastehen lassen: „Ich sage immer, man kann im Leben alles haben, aber man kann nicht alles gleichzeitig haben." „Da hast du aber einen Partner, der dich unterstützt?", frage ich. Lächelnd bekomme ich eine schöne Antwort darauf: „Die Karriere beginnt mit der Partnerwahl. Das muss man jungen Frauen offensiv sagen: Die Wahl deines Partners wird maßgeblich bestimmen, wie du deine Karriere gestalten kannst. Wenn du dich im Privatleben für deinen Erfolg rechtfertigen und dafür kämpfen musst, ist das keine gute Ausgangssituation."

Alles, nur kein Perfektionist

Die Ausgangssituation hat offensichtlich gestimmt, bei dem Erfolg. Aber Sophie Chung weiß wie hart Gründen ist. „Gründen hat mehr Tiefpunkte als Hochpunkte. Das muss man schon wollen", sagt sie heute ganz nüchtern. „Dafür muss man sich bewusst entscheiden. Ich habe nie fundamental gezweifelt, weil ich aus einer Passion und meiner Erfahrung heraus gegründet habe", unterstreicht sie. „Der Markt hat immer recht", weiß sie. „Das war mein Mantra und mein Leuchtturm."

Was ist nun das Erfolgsrezept? Es ist der „Bias for Action". „Ich habe den Hang, schnell etwas zu tun und ich bin kein Perfektionist. Da ist man schneller und das bringt einen weiter. Und ich bin offen für Feedback – auch oder gerade kritisches Feedback", verrät sie uns. Einen klassischen Mentor werden wir bei Sophie Chung lange suchen, auch wenn sie gerne jemand gehabt hätte, „der mit der Taschenlampe den Weg leuchtet". Aber vielleicht liege das auch an ihr selbst, was sie hatte und hat, sind immer wieder „die richtigen Menschen, die den richtigen Schubser geben".

Am Ende unseres Gesprächs brennt doch noch eine Frage in mir: „Wenn du nicht Unternehmerin wärst, was wärst du dann? Ärztin?" „Ich wäre Ärztin in meiner eigenen Praxis oder einer Privatklinik!" Groß denken kann man lernen, ist Sophie Chung überzeugt. „Nicht in einem Kurs, aber du kannst dein Mindset dahin trainieren, dass man sich traut, größer zu denken oder dem Denken keine Grenzen zu setzen. Meine Cousine hat früher schon immer zu mir gesagt: Wir haben die gleichen großen Träume, der Unterschied ist: Ich träume nur und du machst es."

Persönliches Fazit

Sie strotzt vor Optimismus, versprüht unglaublich viel positive Energie, ihre Furchtlosigkeit packt einen selbst und dazu kommt eine ehrlich empfundene Empathie. Diese Eigenschaften in Kombination mit einer kompromisslosen Umsetzungsstärke erklären den Erfolg. Kluge Taktik und Zug zum Tor.

</
Sabine Herlitschka

(Vorstandsvorsitzende Infineon
Technologies Austria AG);

Steckbrief<<<Gesucht>>>
| Eine Macherin für Technologie

Sabine Herlitschka ist Vorstandsvorsitzende
von Infineon Austria, stellvertretende Vorsitzende des österreichischen Rates für Forschung und Technologieentwicklung und sitzt in
mehreren EU-Gremien zu Technologiefragen. Sie
studierte Lebensmittel- und Biotechnologie an
der Universität für Bodenkultur in Wien, nach
der Doktorarbeit bei der Immuno AG folgte ein
MBA in General Management. Sie war stellvertretende Direktorin des Büros für internationale
Forschungs- und Technologiekooperationen (BIT)
und Vizedirektorin für Forschungsmanagement an
der Medizinischen Universität Graz, später Be-
reichsleitern für Europäische Programme bei der
Österreichischen Forschungsförderungsgesellschaft FFG. Bevor sie zu Infineon wechselte,
war sie als Fulbright-Forscherin an der George
Washington University und der Johns Hopkins University in Washington DC tätig. 2011 wurde sie
Vorstandsmitglied von Infineon Austria, 2014
Vorstandsvorsitzende.

{Wer könnte es denn besser als ich?;

Den ersten Eindruck von diesem Gespräch bekomme
ich schon drei Tage bevor es überhaupt angefangen
hat. Als ich der Tochter einer Freundin, sie ist Anfang
20 und studiert Medizin, erzähle, dass ich Sabine
Herlitschka treffe, ist sie ganz begeistert. „Eine total

coole Frau!", lautet das Urteil. „Absolut toll, was die gemacht und erreicht hat."

Damit ist der Einstieg in das Gespräch aufgelegt: Die Bedeutung von Role Models. „Absolut wichtig", findet Sabine Herlitschka, „weil viele diese Grundsatzdiskussion, warum es so wenige Frauen in Führungspositionen gibt, eigentlich satthaben. Mich interessiert das auch nicht mehr. Viel wichtiger ist es, zu zeigen, wie das funktioniert, wie man als Frau Karriere und Privatleben bewältigen kann. Es geht nicht ums große Reden, sondern darum, pragmatisch seinen Weg zu finden und zu gehen, also um Ermutigung. Deshalb haben Vorbilder eine wichtige Rolle. Übrigens, warum wird diese Frage danach, wie man Karriere und Privatleben bewältigen könne, eigentlich nur Frauen gestellt?"

Klare Ansagen

Schon diese ersten drei Minuten unseres Gespräches machen deutlich, was die Chefin von Infineon Austria auszeichnet: Klare Ansagen, kein Herumeiern. Hängt das auch damit zusammen, dass sie in einem männerdominierten Technikkonzern Karriere gemacht hat und man als Frau dort „klare Kante" zeigen muss, um ernstgenommen zu werden? Sabine Herlitschka schüttelt den Kopf. „Nein, man sollte nicht alles durch die Gender-Brille sehen. Ich bin notorisch ungeduldig und mag es nicht, wenn um den heißen Brei herumgeredet wird." Schade, hätte andersherum auch gut in das Buch gepasst. Aber faule Kompromisse sind mit der Top-Managerin nicht zu machen.

Wie sieht sie sich selber? „Eine große Idee zu haben, ein klares Ziel, das macht mich aus. Das Zweite ist sicher das Tun, die Umsetzungsorientierung, verbunden mit dem Gestalten. Ich will, dass es konkret wird, das ist mir wichtig. Und das Dritte ist sicher meine Neugier. Mich interessieren halt viele Themen."

Klare Ansagen bedingen klare Haltungen, das zieht sich durch unser gesamtes Gespräch. Sabine Herlitschka studiert Lebensmittel- und Biotechnologie an der Universität für Bodenkultur in Wien – „Ursprünglich wollte ich Landschaftsökologin werden, aber davon wurde mir wegen der schlechten Jobchancen abgeraten." –, als in Österreich Anfang der 1980er Jahre ökologische Themen ins Bewusstsein der Öffentlichkeit rücken und die grüne Bewegung entsteht. Der Kampf um Zwentendorf ist gerade gewonnen, das Atomkraftwerk geht nicht ans Netz, jetzt heißt das Thema Hainburger Au. Dort war die Errichtung eines Wasserkraftwerkes geplant, das die naturbelassene Flusslandschaft zerstört hätte. Um den Bau zu verhindern, wird das Baugelände von Demonstranten besetzt. Mit dabei: die junge Studentin Sabine Herlitschka. „Jede Generation hat ihre Themen, damals waren es das Ozonloch und der Saure Regen", sagt sie, „und ich habe das sehr ernst, sehr persönlich genommen."

Erster Job: Besetzung der Au

Gar nicht so leicht vorzustellen: Die inzwischen mächtigste Frau der österreichischen Industrie robbt, um von der Polizei nicht bemerkt zu werden, auf dem Boden, auf das Baugelände, neben sich den Künstler Arik Brauer und andere Prominente. Ein Ausreißer? „Nein", sagt Herlitschka, „im Nachhinein betrachtet passt das wunderbar in meine Biografie und ergibt einen großen

Bogen. Damals ging es um den Schutz der Natur, und das tut es jetzt auch. Nur haben sich die technischen Möglichkeiten extrem weiterentwickelt und wir können heute mit Technologie viele schlaue Antworten auf Fragen des Klimaschutzes geben. Die Mikroelektronik zum Beispiel trägt ganz wesentlich dazu bei, dass Energie effizient genutzt wird. Da gibt es ein enormes Potenzial."

Um Dinge zu beeinflussen, braucht Sabine Herlitschka schon lange nicht mehr über den Boden zu kriechen. Im Gegenteil, kaum jemand in der Industrie hat mehr Einfluss, ist als Gesprächspartner gefragter. Als Chefin von Infineon Austria hat sie mit der neuen Chipfabrik des Konzerns ein 1,6-Milliarden-Euro-Projekt nach Kärnten geholt, die größte Industrieinvestition in Österreichs Geschichte. In Villach hängen knapp 5.000 Jobs direkt und rund das Dreifache indirekt an Infineon, damit ist das Unternehmen mit Abstand wichtigster Arbeitgeber und wirtschaftliche Lokomotive für die gesamte Region. Chefin Herlitschka berät als stellvertretende Vorsitzende des Rates für Forschung und Technologieentwicklung die Bundesregierung, als Mitglied der High-Level Expert Group der Europäischen Kommission, und Koordinatorin und Evaluatorin wichtiger Forschungsprojekte wird ihre Stimme auf EU-Ebene gehört. Zudem ist sie Vizepräsidentin der Industriellenvereinigung, sitzt im Senat der Fraunhofer Gesellschaft – mehr geht in Österreich kaum.

Überall werden ihre Kompetenz und ihr Wissen geschätzt, manchmal zu sehr. „Eine Gefahr bei mir ist sicher, dass ich zu stark in die Sachlichkeit abdrifte, weil es mir halt immer um die Sache geht", reflektiert sie, „aber neben der Sach-Orientierung muss es auch immer um das ‚Wozu?' gehen. Und die Antwort auf dieses Wozu lautet, dass wir für uns als Menschen, als Gesellschaft ein Umfeld schaffen, in dem wir gut leben können. Ich bin davon überzeugt, dass bei aller Verantwortung immer der Mensch im Vordergrund stehen muss."

Und wie ist sie zu dieser Einstellung gekommen, was hat Sabine Herlitschka geprägt? „Ich habe von Anfang an von meinen Eltern gelernt: Bildung ist alles", sagt sie, „und das habe ich auch ernstgenommen. Die Schule muss fertig gemacht werden, das Studium auch, das war für mich keine Frage. Ich habe Studienbeihilfe bekommen, da war für mich klar, das mache ich fertig. Und das ist ja auch gut so. Bildung ist die Grundlage von allem."

Es folgt das Hinausgehen in die Welt in Form eines Praktikums beim Chemiekonzern BASF in Ludwigshafen. In Zeiten des vereinten Europa ohne Grenzen keine große Sache, aber Mitte der achtziger Jahre noch ein Abenteuer. Man brauchte für Deutschland eine Aufenthaltsbewilligung, den Eltern ist es ohnehin lieber, wenn die Tochter zuhause bliebe.

Nicht Frauen-, sondern Gesellschaftsförderung

Aber Sabine Herlitschka überwindet die Hindernisse – der Beginn einer großartigen Karriere. Hat es dafür Mentoren, Förderer gegeben, sind diese wichtig? Sie zögert, das ist nicht so ganz ihr Punkt. „Es hat immer wieder Menschen gegeben, die ihre Sache aus meiner Sicht toll gemacht haben und dadurch Orientierungspunkte waren. Und es hat immer wieder Menschen gegeben, die mich mehr oder weniger gefördert haben.

Aber so richtige Mentoringprogramme wie heute hat es damals nicht so explizit gegeben. Einige ‚Mentoren' habe ich mir selbst gesucht, von denen habe ich viel lernen dürfen. Und mittlerweile, mit den vielen Mentoringprogrammen gerade für Frauen, bin ich da auch etwas skeptisch. Bei diesen Programmen schwingt von der Begrifflichkeit immer mit, man braucht Frauen nur genug zu ‚mentoren', dann wird schon etwas aus ihnen. Und das ist eine komplett verdrehte Sicht. Das ist ganz ähnlich wie bei der Frauenförderung: Dabei geht es nicht um Frauenförderung als Selbstzweck, sondern um Gesellschaftsförderung. Denn wir brauchen Diversität in der Gesellschaft, und auch im wirtschaftlichen Umfeld. Viele Studien zeigen, dass Unternehmen mit Diversität, und zwar nicht nur auf die Geschlechter bezogen, sondern auch auf die Nationalität und andere Faktoren, bessere Ergebnisse erzielen und wettbewerbsfähiger sind."

Diversität stärkt

Bevor ich noch die Frage stellen kann, was das persönlich für sie bedeutet, kommt schon die Antwort. „Ich fördere Frauen, wo ich kann. Aber nicht, weil ich primär Frauen unterstützen möchte, sondern weil uns Diversität als Gesellschaft stärker macht und gut tut." Mein Einwand kommt prompt, ob Frauen nicht doch gezielt unterstützt werden müssen, weil wir in vielen Bereichen, etwa bei der Bezahlung, noch weit von echter Gleichstellung entfernt sind? Auch hier ist die Antwort etwas anders als erwartet. „Als Unternehmen haben wir selbstverständlich ein einheitliches Gehaltsschema, völlig logisch. Und dann gibt es Faktoren, die dieses Gehaltsschema beeinflussen. Wenn eine Frau ein Kind bekommt oder Pflegeverpflichtungen hat, um zwei typische Beispiele zu nennen, und aus dem Job rausgeht oder reduziert, dann ist es logisch, dass die Gehaltskurve hier eine andere ist. Alles andere wäre ungerecht gegenüber denjenigen, die voll arbeiten. Dass diese Art der unbezahlten Arbeit, besonders Kinderbetreuung und Pflege noch immer primär an den Frauen hängt ist eine andere Sache, auch daran müssen wir arbeiten."

Faire Ungleichheit?

Ist das ein Plädoyer für Ungleichbehandlung? „Keineswegs", sagt Herlitschka, „aber je nachdem, wie jemand seine Lebensentscheidungen trifft, ist auch die Gehaltsentwicklung eine andere. Und dazu stehe ich auch. Die Leistung außer Acht zu lassen, das wäre ja reiner Kommunismus. Und das will wohl niemand." Ob man das inhaltlich teilt oder nicht – Sabine Herlitschka neigt nicht dazu, das zu sagen, was das Gegenüber vielleicht hören möchte.

Bleibt die entscheidende Frage, wie man Frauen nach einer Betreuungszeit wieder ins Berufsleben zurückbringt. Auch da hat Herlitschka eine klare Position: „Alle Studien zeigen: Die wirksamste Form der Frauenförderung in Bezug auf Vereinbarkeit von Familie und Beruf ist der Ausbau der Kinderbetreuung, und zwar ganztägig und ganzjährig. Das ist der zentrale Hebel." Und zwar nicht nur für die Berufstätigkeit der Frau, sondern auch für das Interesse von Kindern an Naturwissenschaften, um die MINT-Lücke zu schließen.

Infineon hat den betriebseigenen Kindergarten gerade auf 200 Plätze ausgeweitet. Noch bemerkenswerter ist allerdings das pädagogische Konzept, das dahintersteht: „Jedes Kind ist meiner Beobachtung nach eine geborene Naturwissenschaftlerin, ein geborener Naturwissenschaftler. Kinder fragen ihren Eltern Löcher in den Bauch, warum der Himmel blau ist, wie Nebel entsteht usw. Also versuchen wir in unserem Kindergarten nicht, sie mit Informationen und Wissen zu bombardieren, sondern umgekehrt zuerst das Interesse zu wecken und Fragen zu motivieren. Und das funktioniert sehr gut."

Tut es einfach!

Kinderbetreuungsplätze als wichtiges, vielleicht wichtigstes Instrument der Frauenförderung also. Und was noch, damit sich die Verhältnisse in den Führungsetagen endlich ändern, damit sie weiblicher werden? „Es geht schon um die zwei Säulen Rahmenbedingungen und Ermutigung. Österreich hat immer noch ein eher traditionelles Gesellschaftsmodell, das heißt, die Frau kümmert sich um die Kinderbetreuung oder mehr und mehr die Pflege. Da geht es also um die Schaffung von Betreuungsplätzen. Und das zweite große Thema ist die Ermutigung, damit Frauen selbstbewusster an dieses Thema herangehen. Und das ohne großes Brimborium. Viel wichtiger ist zu sagen: „Bereitet euch gut vor und dann tut es einfach!"

Herlitschka weiß allerdings auch, dass das nicht immer so einfach ist. „Als es um die Nachfolge von Monika Kircher als Vorstandsvorsitzende bei Infineon Austria ging, habe ich auch länger nachgedacht und geschwitzt. Frauen sind halt doch häufig so sozialisiert, dass sie länger reflektieren und sich hinterfragen. Das ist ja auch gut, weil man damit viele Fragestellungen für sich vorwegnimmt. In so einer Phase einer gewissen Unsicherheit hilft die Frage: Wer könnte es denn besser als ich? Und wenn einem da nicht viele einfallen, ist frau doch schon einen Schritt weiter."

Bloß kein übertriebenes Mitleid, bloß kein Jammern – auch das macht Sabine Herlitschka in unserem Gespräch deutlich. „Eines muss auch ganz klar gesagt werden: Es gab noch nie so attraktive Möglichkeiten für Frauen, interessante Berufswege zu gehen. Es gibt für Frauenkarrieren so viel Aufmerksamkeit, auch wenn das nicht alle Leute begrüßen. Und auch eine Frauenquote hilft. Die ist zwar nicht wahnsinnig elegant, aber es gibt offensichtlich kein wirksameres Mittel. Denn von den reinen Lippenbekenntnissen, die nichts ändern, hat niemand etwas. Aber es braucht auch mutige Frauen. Deshalb mein klarer Aufruf: „Traut euch, probiert es aus!"

Persönliches Fazit

Eine klare Haltung und klare Aussagen, auch zu gesellschaftspolitischen Fragen: In den Chefetagen ist das nicht selbstverständlich. Sabine Herlitschka verkörpert das zu hundert Prozent. Und sie nimmt auch zu hundert Prozent Verantwortung wahr. Werteorientiert ist wohl das treffende Wort dafür. Statt auf Frauenkongressen zu reden, baut sie lieber den Betriebskindergarten aus. Tun ist besser als nur reden. Und das ist auch ihr Tipp für Frauen: Traut euch und tut es einfach. Die Karriere kommt dann schon.

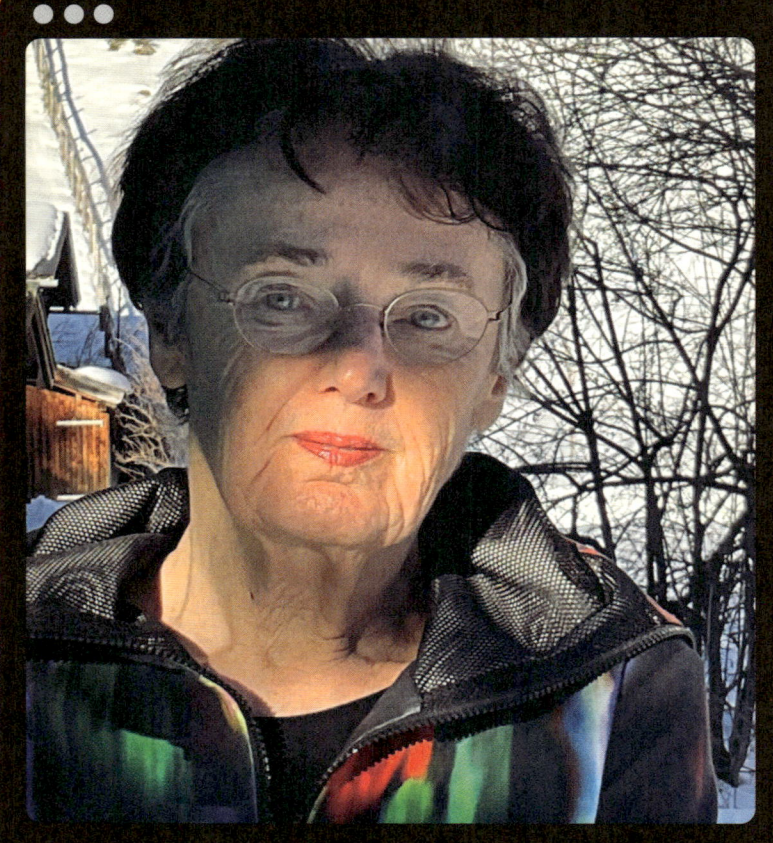

</
Ina Wagner

(Kernphysikerin und erste weibliche
berufene Professorin an der TU Wien);

Steckbrief<<<Gesucht>>>
| Eine Außenseiterin, die nicht aufgibt

Ina Wagner ist die erste weibliche Professorin
an der TU Wien, die von außerhalb berufen wurde.
Sie ist Doktorin der Kernphysik und habilitierte
sich in Informatik und Bildungswissenschaften.
Sie etablierte an der Fakultät für Informatik
der TU Wien den Forschungsschwerpunkt Computer
Supported Cooperative Work (CSCW) und Multidisziplinäres Systemdesign. Sie ist Mitglied der
österreichischen Bioethikkommission und erhielt
2011 den Gabriele-Possanner-Staatspreis sowie
den Frauenpreis der Stadt Wien.

{Eine, die nicht dazu passte;

Der Schlüsselsatz fällt eher beiläufig. Eine Bemer-
kung, ganz unaufgeregt, scheinbar nebensächlich.
„Ich war immer an der Peripherie", sagt Ina Wagner
in unserem Gespräch. Sie erwähnt das weder verbittert noch stolz, vielmehr wie selbstverständlich.
Dabei spiegelt dieser Satz wie kein anderer die Karriere der TU-Professorin wider, die Hindernisse, die
sie überwinden musste.

Pionierin, Vorkämpferin, Idol, Ikone – die Be-
zeichnungen für Ina Wagner sind vielfältig, aber eindeutig. Kein Wunder. Sie war die erste Frau, die als
Professorin von außerhalb der Technischen Universität Wien an die Fakultät für Informatik berufen wur-

de – und die zweite Frau überhaupt, die an der TU einen Lehrstuhl hatte. Sie war die erste Frau, die sich mit feministischer Forschung in Bezug auf Technik beschäftigte. Sie trug zur Formulierung des ersten Frauenförderplans bei, war Vorsitzende der Arbeitsgruppe für Gleichbehandlung im Wissenschaftsministerium und Mitglied der österreichischen Bioethik-Kommission. Aktuell schreibt sie an einem Buch zum Thema „Gender and technology at work".

Wer die Vorbereitung auf ein Gespräch mit Ina Wagner ernst nimmt, kommt ziemlich eingeschüchtert zu dem Termin. Was sich schnell als unnötig erweist. Die mittlerweile 75-Jährige ist alles andere als eine Selbstdarstellerin und macht kein großes Theater um ihre Leistungen. „Ich war eine, die nicht dazu passte," fasst sie ihren akademischen Lebenslauf schlicht zusammen. Und der außergewöhnliche, steile Karriereweg? Sie schüttelt den Kopf. „Ich habe sehr lange gebraucht, um zu finden, was ich wirklich machen will. Und das ist vielleicht auch ein guter Rat an junge Menschen: Es ist ganz in Ordnung, wenn man anfangs nicht weiß, wo man landen wird."

Als sie in den 1960er Jahren mit dem Physikstudium beginnt, gehört dieser Fachbereich noch zur Philosophischen Fakultät. Das Interesse an Technik und Naturwissenschaften hat ihr Vater geweckt, gelernter Maschinenbauer. „Er war mein Vorbild, was für Frauen meiner Generation nicht ganz untypisch ist", analysiert sie. Der Vater nimmt sie als Schülerin mit in die Werkshallen von VW, Opel und Ford. Die junge Ina ist fasziniert von den gewaltigen Fertigungsstraßen und beschließt, dass Technik für sie das Richtige ist.

Physik plus Pädagogik, irregulär

Nur ganz wenige Frauen studieren damals Physik, und wenn, dann Lehramt. Das Studium ist spannend, aber eng. In einer Welt, die nur aus Formeln besteht, mangelt es Ina Wagner an Geist und Zusammenhängen. Sie belegt deshalb ein Studium irregulare mit Pädagogik als Nebenfach – eine Außenseiter-Kombination, die es bis dahin nicht gegeben hatte. Sie ist mit diesem Fächerduo deutlich an den Rand der Physik gerückt, schließt das Studium aber mit einem Doktortitel in Kernphysik ab. Jobchancen in der Wirtschaft interessieren sie nicht, was den Vater enttäuscht. Sie ist politisch interessiert, in der Studentenbewegung engagiert und beschäftigt sich mit sozialwissenschaftlichen Themen. Daraus entwickelte sich mit Rückenwind aus dem Wissenschaftsministerium eine Assistentenstelle mit Schwerpunkt Physikdidaktik. Nur – bisher gab es das noch nicht und so ist ungeklärt, wo die Stelle angesiedelt werden soll. Die Wahl fällt auf das Institut für Festkörperphysik – sie ist ein ungeliebtes Kind der konservativen Professoren. Der jungen Assistentin wird signalisiert, alles sei gut, solange sie sich aus der Lehre am Institut heraushält und bei ihrem „Exotenthema" bleibt.

Was heute vermutlich Proteststürme wegen der Ausgrenzung auslösen würde, versucht Ina Wagner positiv zu sehen. Sie nutzt die Nichtbeachtung als Freiraum, den sie mit ihren Ideen und Anliegen füllt. Es entstehen Studien über „Mädchen in nicht-traditionellen Lehrberufen" und „Frauenarbeit im automatisierten Büro" sowie die erste Studie zur Büroautomation, die weltweit Beachtung findet. Wagner ist angekommen: Ihre interdisziplinären Studien verbinden Technik und Sozialwissenschaft.

Nutzerperspektive

Von ihren Professorenkollegen mitleidig belächelt entwickelt Wagner ihre Ansätze zu einem Forschungsschwerpunkt und wird Professorin für multidisziplinäres Systemdesign und computergestütztes kooperatives Arbeiten. Was reichlich ungelenk klingt, stellt die Technik auf den Kopf, weil sie hier vom Ende aus betrachtet wird. Wagner untersucht, wie Menschen ihre Arbeit erledigen und entwickelt daraus in Zusammenarbeit mit den Betroffenen Ideen für neue, unterstützende technische Systeme. Ein halbes Jahrhundert später ist das unter den Begriffen „Anwenderorientierung" und „partizipatives Design" äußerst gefragt, gilt zu Wagners Zeiten aber irgendwie als neben der Spur. Von Kommissionsitzungen des Fachbereiches wird sie ausgeschlossen.

Sie ist eine doppelte Außenseiterin: Als einzige Professorin unter Männern und mit einem Fach, das niemand ernst nimmt. „In den ersten Jahren an der TU ist es mir gar nicht gut gegangen", gibt sie zu. „Meine einzige Legitimationsgrundlage war mein Doktortitel in Kernphysik. Aber ich habe durchgehalten." Wagners Nachsatz macht deutlich, dass große Kraftanstrengung damit verbunden war.

Ich frage mich, wie man so eine Konstellation durchsteht. Ina Wagners Rezept: Sie schaltet auf stur, zieht ihr Ding durch. Sie forscht weiter, vergibt Diplom- und Doktoratsthemen und findet schließlich vor allem international Anerkennung. Das hilft auch intern. Immerhin: Als Professorin genießt sie eine gewisse Unabhängigkeit. Zudem versucht sie, auch innerlich unabhängig zu bleiben und meidet Netzwerke. „Sich davon nicht abhängig zu machen, gibt eine große innere Stärke", sagt sie. Aber es ist kein leichter Weg.

Wagner hat selbst eine Studie über erfolgreiche Absolventinnen technischer Studiengänge durchgeführt. Also muss ich natürlich die Frage stellen, woran es liegt, dass sich so wenige junge Frauen für ein MINT-Studium entscheiden? „Es braucht schon besondere Voraussetzungen, dass sich eine Frau für diese Fächer interessiert und sich das auch zutraut", sagt sie. „Die Schule spielt dabei eine ganz große Rolle. Es gibt ja viele Mädchen, die sehr gut in Mathematik sind, das aber während der Pubertät aus den Augen verlieren." Pause. „Aber letztlich ist das eine Frage, auf die ich auch nach Jahrzehnten keine wirkliche Antwort geben kann, da die Gründe, die auch begabte junge Frauen unter Umständen von einem MINT-Studium abhalten, komplex sind."

Gemeinsam ist besser

Deutlich geworden ist für sie allerdings, welche große Rolle Gruppenzusammenhalt und Kooperation während des Studiums spielen. „Das ist ein ganz klarer Tipp von mir an alle jungen Studierenden: Sucht euch eine Gruppe, mit der ihr vor allem durch die schwierige Anfangsphase gehen könnt."

„Aber die Sache mit der Berufswahl ist wirklich vertrackt", kommt die Wissenschaftlerin in unserem Gespräch auf das Thema zurück. „Es ist schon so, dass junge Frauen ein ‚Sprungbrett' Richtung Naturwissenschaften und Technik brauchen. Das können die Eltern sein oder auch die Schule."

Zusätzlich braucht es Frauenförderung, davon ist Wagner überzeugt. Und hat sich schon früh frauenpolitisch engagiert. Sie baut den Ausschuss für Gleichbehandlungsfragen an der TU auf und formuliert den ersten Frauenförderplan mit, stets kritisch beäugt von den männlichen Kollegen.

„Die Wirkung von Frauenförderung ist nicht zu unterschätzen", ist sie überzeugt, „denn es ist auch nicht zu unterschätzen, wie schwierig es für Frauen ist, sich stets in einer marginalisierten Position zu fühlen. Da muss man schon sehr stark sein, um das durchzustehen und sich nicht entmutigen zu lassen." So wie Ina Wagner, füge ich wortlos hinzu. Wie hat sie das geschafft? „Ich bin stur und bleibe an den Dingen dran."

Wagner hat zwei Kinder, ist als Uni-Professorin aber durchaus in einer privilegierten Situation. Die Arbeit muss gemacht, Leistung erbracht werden, aber abgesehen von Lehrveranstaltungen und Institutsbesprechungen, ist es bei der Regelung der Anwesenheitspflicht durchaus möglich, auf Mütter (oder Väter) kleiner Kinder Rücksicht zu nehmen. „Natürlich war meine Publikationsliste nicht ganz so dicht wie bei anderen, aber so what?", sagt Ina Wagner, „Sicher hat diese Phase meine Karriere gebremst. Aber eine verlangsamte Periode in der Karriere ist doch keine Katastrophe. Viel wichtiger ist es, damit aufzuhören, immer davon zu reden, dass man eine 60-Stunden-Woche braucht, um in den MINT-Fächern etwas zu erreichen. Das schreckt ja viele junge Frauen ab und ist überhaupt nicht notwendig."

Und es braucht Vorbilder, die eine Signalwirkung haben, so wie sie. „Ja, am Institut für Gestaltungs- und Wirkungsforschung in der Informatik, das damals gerade im Aufbau war, hatten wir relativ viele Frauen", bestätigt sie. Hier zeigt sich wieder die Bedeutung von Role Models: Vormachen, dass es möglich ist. Was auch hilft: Mentoring-Programme, die Ina Wagner aktiv unterstützt.

Im Frühjahr wird bei der Oxford University Press ein Buch von einem Autor*innenteam mit Ina Wagner über nachhaltige IT-Systeme erscheinen. Gemeint ist damit nicht grüne IT, sondern die Frage, ob neue IT-Systeme in der Praxis dann auch genutzt werden und wie man bereits bei der Entwicklung die Weichen dafür stellen kann, dass sie später auch angewendet werden. Als perfektes Role Model gehen Ina Wagner Ideen und Inhalte für weitere Bücher nicht aus.

Bremst die LGBTQ-Bewegung Frauenthemen?

Was allerdings schwieriger wird: Je populärer das Thema Diversität werde, je mehr LGBTQ-Themen in den Fokus rückten, umso schwieriger werde es, zu begründen, warum ausgerechnet das Frauenthema noch so aktuell und relevant ist, beschreibt Ina Wagner ihre Erfahrungen. Damit meint sie nicht, dass die anderen Genderthemen weniger Bedeutung haben. „Aber natürlich gibt es die gläserne Decke noch, werden Frauen oft weniger gefördert. Was mich sehr beunruhigt ist, dass sich viele Frauen mit Halbtagsjobs begnügen. Das ist verständlich, aber für die Berufskarriere sehr nachteilig und vor allem auch für die Pension später.

Deshalb bin ich ja auch dafür, dass Pensionsalter für Frauen heraufzusetzen, damit mehr Pensionsjahre zusammenkommen. Da gibt es noch genug zu tun."

Was ich unbedingt fragen möchte: Was bedeutet für sie Erfolg? „Ehrungen sind es nicht, sondern das, was ich inhaltlich erreicht habe", antwortet sie, „dass ich einen Forschungsschwerpunkt und einen Studiengang aufgebaut habe zu Themen, die mir wichtig sind. Das ist Erfolg. Und zu diesen Themen auch weiterhin noch etwas beizutragen, das ist der Motor für weitere Bücher."

Stichwort Bücher: Ina Wagner empfiehlt als Lektüre das Buch „A Feeling for the Organism" von Evelyn Fox Keller. Darin werden das Leben und die hindernisreiche wissenschaftliche Karriere der amerikanischen Genetikerin Barbara McClintock packend und anschaulich erzählt. McClintock machte 1948 die bahnbrechende Entdeckung „springender Gene" beim Mais, für welche sie erst über 30 Jahre später den Nobelpreis erhielt. Warum Wagner ausgerechnet dieses Buch empfiehlt? „Vorbilder sind wichtig", sagt sie, „und es ist wichtig, Vorbilder zu zeigen, die am Rand gestanden sind und viele Widerstände überwinden mussten, um dorthin zu kommen, wo sie sind." Womit sie in einem Satz auch ihre eigene Geschichte zusammengefasst hat.

Persönliches Fazit

Wow, so eine Frau kennenlernen zu dürfen, ist eine Freude und eine Auszeichnung. Sie war Vorkämpferin für Frauen in der Technik, wobei „Kämpferin" keine leere Worthülse ist, sondern bittere Realität war. Ich kann nur ahnen, wie steinig der Weg für Pionierinnen wie Ina Wagner war. Was man sicher von ihr lernen kann: Ausgrenzung kann auch als Freiraum gesehen und so ins Positive gewendet werden.

</
Lisa-Marie
Fassl

(Mitgründerin & CEO Female Founders und
Start-up-Beauftragte der Bundesregierung);

Steckbrief<<<Gesucht>>>
| Eine Frauen-Pusherin, gescheit

Lisa-Marie Fassl ist eine der wichtigsten Per-
sönlichkeiten der österreichischen Start-up-Szene. Seit Mai 2021 ist sie Start-up- Beauftrag-
te des Bundesministeriums für Digitalisierung
und Wirtschaftsstandort und Mitbegründerin und
CEO Female Founders, einem europaweit agieren-
den Netzwerk für Gründerinnen. Schon während
ihres BWL-Studiums in Graz baute sie den Ver-
ein „Ideentriebwerk", später absolvierte sie
den Master an der Wirtschaftsuniversität Graz.
Vier Jahre lang war sie Geschäftsführerin der
Austrian Angel Investors Association (AAIA).

{Geprobtes Selbst- bewusstsein und die Angst vor Zielen;

Wäre mir dieses Buch nicht selber so ein großes Anliegen gewesen, spätestens nach dem Gespräch mit
Lisa-Marie Fassl hätte ich es geschrieben. „Frauen vor
den Vorhang", fordert sie immer wieder, „es fehlt an
weiblichen Vorbildern, auch in der Start-up-Szene.
Deshalb mein Appell an Gründerinnen: Zeigt euch und
begeistert junge Frauen für die Start-up-Welt!"
    Der flammende Appell kommt nicht von ungefähr:
Seit Mai 2021 ist Lisa-Marie Fassl Start-up-Beauftragte der Bundesregierung. Und in dieser Funktion auch

eine Wanderpredigerin für die Anliegen der Frauen. Denn von zehn Start-up-Gründern sind gerade einmal zwei weiblich, was für die junge Generation auch nicht gerade ein brillantes Zeugnis ist.

Dass Fassl die richtige Frau für diese Aufgabe ist, ist das Ergebnis eines klaren Zickzack-Kurses – und des Umstandes, dass sie zur richtigen Zeit in der falschen Schlange stand. Oder war es die falsche Zeit in der richtigen Schlange? Wie auch immer, zuerst ist bei ihr alles auf Schiene. Sie kommt aus einer Medizinerfamilie, die Karriere ist vorgezeichnet: Ärztin. Folgerichtig besucht sie ein naturwissenschaftliches Gymnasium, findet, dass Biologie, Chemie und Physik spannende Fächer sind. Lernen ist ihr wichtig, passt also alles. Anstatt sich mit Freunden zu treffen, spielt sie lieber Playstation und Nintendo. Aus Sicht ihrer Mitschüler*innen fällt sie eher in die Kategorie der Streberin und Außenseiterin. Doch dann der erste Bruch. „Irgendwann habe ich gedacht, dass ich doch nicht Ärztin werden möchte", erinnert sie sich, „ich mag zwar Menschen, helfe auch gerne. Aber mir hat der Gedanke nicht gefallen, so viel Verantwortung für Menschenleben zu haben und oft über Leben und Tod entscheiden zu müssen."

Perlenkette und rosa T-Shirt

Also muss Plan B her. Gewisse Erwartungen von zuhause, gute Noten, durchaus ehrgeizig, aber damals noch eher schüchtern und unsicher – da bleiben fast nur Jus oder Wirtschaft. Weder prickelnd noch exotisch, aber immerhin kann man damit wenig falsch machen. Sie meldet sich für beide Fächer an – und dann kommt die

Geschichte mit der Schlange, also der Warteschlange. Am Inskriptionsschalter für Jus stehen die zukünftigen Kommilitoninnen vor ihr: Perlenkette und rosa T-Shirt mit aufgestelltem Kragen, über die Schultern gehängter Pullover – Lisa-Marie Fassl wechselt schnell den Schalter und schreibt sich für Betriebswirtschaft ein. Auch so können also Berufsentscheidungen fallen.

Die Weichen neu gestellt, neues Ziel im Visier, die Schienen dorthin sind schnell verlegt. Das Ziel heißt Beratung, also McKinsey oder Boston Consulting. Bei denen gilt „smart ist beautiful", also braucht Lisa-Marie nur fünf Semester bis zum Bachelor. Doch weil ein straighter CV alleine vielleicht doch nicht reicht, organisiert sie in Graz ein Start-up-Event, „eigentlich vor allem, um meinen Lebenslauf aufzubessern", wie sie selber sagt.

Im Nachhinein betrachtet war das leichtsinnig. Aber wer betrachtet Dinge vorher schon im Nachhinein? Der Keim für den nächsten Richtungswechsel ist damit gelegt. Sie gründet in Graz eine Organisation, die Studierenden das Start-up-Thema näherbringen soll. Es folgen ein Master an der Wirtschaftsuniversität in Graz, wo sie Kontakt zu Prof. Rudolf Dömötör bekommt, dem Leiter des WU-Gründungszentrums, der ihr einen Assistentenjob anbietet – nächster Baustein der Start-up-Karriere. „Alles Zufall", betont Lisa-Marie Fassl. Aber aus ihrem Mund und so tough ausgesprochen, klingt das nicht ganz überzeugend.

Viel Engagement, wenig Plan
Über den WU-Job kommt sie mit der Wiener Start-up-Szene in Kontakt und auch mit dem Thema weib-

liche Gründerinnen, was schließlich zur Gründung von Female Founders führt. Es beginnt mit kleinen Events und Mentoringprogrammen für Gründerinnen und es wächst und wächst. Mittlerweile hat Female Founders über die sozialen Medien eine Community von 45.000 Frauen aus ganz Europa um sich versammelt. „Wie ist es gelungen, so eine Community aufzubauen, auch noch europaweit, und das aus Österreich heraus?", frage ich sie. „Viel Engagement und wenig Plan", lautet die Antwort von Lisa-Marie Fassl. Einfach tun, machen. Wer handelt, gewinnt. Offensichtlich ist das eines der Erfolgsrezepte.

Die Female Founders nehmen Fahrt auf. Mittlerweile gibt es *Ambassadors* in sechs europäischen Ländern; Frauen, die bei Venture-Capital-Fonds arbeiten, Empfehlungen geben und Kontakte herstellen, ein Netzwerk entsteht. Ein Accelerator-Programm wird gestartet und Seminare über Leadership.

Was mich interessiert: Das klare Ziel vor Augen zu haben, eine Vision zu haben, hat sie das immer gehabt? Oder wie hat sie das entwickelt? „Ich musste erst lernen, ein strategisches Ziel zu entwickeln und das auch zu visualisieren", antwortet sie. Und dann fällt ein bemerkenswerter Satz: „Ich hatte immer ein bisschen Angst vor der Formulierung klarer Ziele. Was ist, wenn ich diese nicht erreiche? Was mich auch gehemmt hat: Wenn eine Frau große Ziele formuliert, kommt das oft nicht so gut an."

Leistung als Basis

Das sieht Lisa-Marie Fassl inzwischen anders. Sie ist auch nicht mehr schüchtern, sondern selbstbewusst. Findet sie jemanden cool im Sinne von gescheit und unterstützend, spricht sie denjenigen an. „Da kann ich ziemlich direkt sein, denjenigen hole ich ganz konsequent ins Netzwerk." Aber wie ist aus der schüchternen Lisa-Marie eine überaus selbstbewusste Frau geworden? Oder war der Hinweis auf die Schüchternheit mehr Koketterie? „Es war eine Notwendigkeit, selbstbewusster zu werden", sagt sie, „ich bin in der Schule oder an der Uni nie in der ersten Reihe gesessen oder habe aufgezeigt, never ever. Aber als Geschäftsführerin der Austrian Angel Investors Association musste ich dann raus auf die Bühne. Zuerst war das eine gespielte Rolle, fast wie bei einer Schauspielerin, aber mit der Zeit ist daraus echtes Selbstbewusstsein geworden und ein Teil von mir. Aber bei mir beruht Selbstbewusstsein auf Leistung."

Dieses neue, erarbeitete, er-leistete Selbstbewusstsein zeigt sich auch bei der Antwort auf die Frage nach ihren Eigenschaften. „Ich bin gescheit", sagt sie überzeugt, „und ich bin notorisch unzufrieden, was nicht die positivste Eigenschaft ist. Aber wenn es um Innovation und Veränderung geht, auch wieder gar nicht so schlecht." Was sie auch gut beschreibt: Sie geht bei Rot über den Fußweg und überschreitet – gelegentlich – beim Autofahren Tempolimits. „Ich tue mir schwer, Regeln einzuhalten."

Wen sie als Vorbilder faszinierend findet? „Anna Alex, die Gründerin von Outfittery, und Lea-Sophie Kramer von Amorelie. Was die tun, wie die auftreten und kommunizieren, finde ich wirklich cool. Und in Österreich Magdalena Hauser, die ist wirklich krass.

Kommt aus einer komplett anderen Welt und setzt sich mit Quantenphysik auseinander."

Und Fassl hält die Frauenbewegung für notwendig, was nicht immer so war. „An der Uni habe ich gedacht, wo ist das Problem?", schildert sie diesen Prozess. „Da habe ich keine Benachteiligung gespürt, es ging immer nur um Leistung. Erst im Kontakt mit der etablierten, traditionellen Wirtschaft habe ich gemerkt, dass es anders ist." Ein einschneidendes Erlebnis markiert den Wendepunkt. Fassl ist in der steirischen Start-up-Szene aktiv, wird bei einem Termin bei der Landesregierung aber dermaßen herablassend behandelt, dass sie sich absolut diskriminiert fühlt, aufgrund ihres Geschlechts und ihres jugendlichen Alters.

Und wie geht es anders? Was ist, abgesehen von einem respektvollen Umgang, noch notwendig, um Frauen zu ermutigen, um sie zur Technik zu bringen? „Wir haben in Österreich sicher ein Bildungsthema, das lässt sich nicht mehr wegdiskutieren. Ganz entscheidend ist, einen niederschwelligen Zugang zu neuen Technologien zu schaffen. Denn unser Mindset ist leider so, dass wir Angst haben vor allem, was neu ist. Das kennen wir nicht, und weil wir das nicht kennen, gehen wir vorsichtshalber vom Worst-Case-Szenario aus, statt zu sagen, das könnte ja auch etwas Positives sein. Und wir müssen die falschen Bilder im Kopf korrigieren. Ich habe ja damals auch gedacht, wenn du etwas Technisches oder Naturwissenschaftliches studierst, dann stehst du später den ganzen Tag in einem Labor und hast nichts mit Menschen zu tun. Aber das ist ja überhaupt nicht so."

See it, be it

Die Rolle von Vorbildern, von sichtbaren Vorbildern ist ihr daher extrem wichtig. „If you can't see it, you can't be it", ist ein Satz, den sie gerne zitiert. Und dann der radikalere Nachsatz: „So lange überwiegend Männer in Vorständen und Aufsichtsräten sitzen, wird sich nichts daran ändern, dass Frauen unterrepräsentiert sind." Ihr Rezept für mehr Frauen in Führungspositionen ist damit klar umrissen: Es geht um Role Models, es geht um Aufmerksamkeit und echte Anreize für Unternehmen, Frauen in Führungspositionen zuzulassen. Eventuell braucht es dafür auch staatliche Interventionen. „Das ist eigentlich gar nicht so komplex", sagt sie. Unausgesprochener Nachsatz: Man muss es nur tun.

Persönliches Fazit

Wichtige Erkenntnis: Selbstbewusstsein kann man sich erarbeiten. Dazu gehört, sich vom Anspruch zu befreien, jedem gefallen zu wollen. Dazu gehört Direktheit, obwohl hier der Zusammenhang wohl eher umgekehrt ist: Erst das Selbstbewusstsein, dann die direkte Ansage. Weitere Erkenntnis: Role Models haben eine extrem wichtige Funktion. Eine schöne Bestätigung für die Notwendigkeit dieses Buches.

</
Sonja
Wallner

(Chief Financial Officer A1);

Steckbrief<<<Gesucht>>>
| Eine strukturierte Macherin

Sonja Wallner studierte an der WU Wien und an
der Universität Luigi Bocconi in Mailand. Erste
berufliche Station ist im Controlling von ARAL
Austria. 2000 wechselt sie zur Telekom Austria.
Nach verschiedenen Leitungsfunktionen übernimmt
sie 2009 die Leitung des gesamten Controllings
der Telekom Austria AG. Seit Sommer 2015 ist sie
Finanzvorständin von A1.

{Sprechdenkerin & strukturierter Sonnenschein;

Es hätte eine glänzende Karriere im Tourismus werden können. Ein Fünf-Sterne-Hotel in einer spekta-
kulären oder exotischen Stadt irgendwo auf der Welt.
Geworden ist es eine noch viel glänzendere Karriere
beim Telekomanbieter A1, bei dem Sonja Wallner seit
2015 Finanzvorständin ist. Na gut, die Lassallestraße
beim Wiener Prater, Sitz der Telekom-Austria-Toch-
ter, klingt jetzt nicht ganz so aufregend wie London,
Lissabon, Lima oder Luanda, dafür ist es der Job umso
mehr. Als *Chief Financial Officer* ist Wallner verantwortlich für Abläufe und Zahlenwerk für 7,1 Millionen
Kunden, rund 7.600 Mitarbeitende und 2,6 Milliarden
Euro Umsatz. Keine Kleinigkeit.

Um diese Aufgabe zu bewältigen, ist sie oft bereits um sieben Uhr im Büro. Ist das schon eines der Erfolgsgeheimnisse? „Nein", winkt Wallner ab, „ich bin halt Frühaufsteherin. Damit entgehe ich auch dem morgendlichen Verkehrsstau. Mehr ist nicht dahinter." Der Stau betrifft sie allerdings ohnehin immer seltener. Denn die Pandemie hat A1 nicht nur vor große Herausforderungen gestellt – praktisch über Nacht sind die Nutzung von Mobilfunk und Internet explodiert –, sondern auch die Arbeitsweise im Unternehmen radikal verändert. Auch hier hieß es von einem Tag auf den anderen: Ab ins Homeoffice. Für Sonja Wallner eine positive Entwicklung, die sie gerne teilweise beibehalten möchte. „Ich bin eine Homeoffice-Anhängerin", sagt sie lachend. „Zwei Drittel aller Meetings kann man wirklich wunderbar digital machen. Für den Zusammenhalt der Teams und die kreative Arbeit ist das regelmäßige Zusammenkommen jedoch unabdingbar."

Absage ans Sägewerk

Doch was Sonja Wallner wirklich geprägt hat, war der Tourismus. Die Eltern haben ein Sägewerk mit eigener Tischlerei, nichts für das junge Mädchen: „Mit 13 Jahren habe ich beschlossen, dass das nicht meine Zukunft ist." Stattdessen lockt der Tourismus: „Ich habe gerne mit Menschen zu tun, bin gern unterwegs, da ist das ideal." Sie besucht die Tourismusschule, macht Praktika – hart, aber lehrreich. „Ich habe gelernt, zu arbeiten, dienstleistungs- und lösungsorientiert, und immer zu lächeln, auch wenn es nicht zum Lächeln ist." Durchaus Fähigkeiten, die man auch in einer Vorstandsetage gebrauchen kann. „Ich bin extrem dankbar für diese Ausbildung", sagt Sonja Wallner. Ihre positive Grundeinstellung kommt ihr dabei zugute. Sie lacht gerne und strahlt oft, weshalb sie schon im Kindergarten den Spitznamen „Sonja Sonnenschein" bekommt.

Die Tourismusjobs ermöglichen Auslandsreisen und internationale Freundschaften, öffnen Türen, finanzieren das Studium an der Wirtschaftsuniversität Wien und später an der Bocconi-Uni in Mailand, eine der Top-Business-Schulen Europas. Und sie fördern eine Leidenschaft der jungen Frau: Sich bei Essen und Trinken auszukennen, Speisen selber zuzubereiten, Weine beurteilen zu können. Immer mit dabei: Der Service- und Dienstleistungsgedanke. „Tourismus ist wirklich eine perfekte Ausbildung für jeden, der mit Menschen zu tun haben will", sagt sie. Und sie sagt das so, dass da immer noch eine große Begeisterung mitschwingt. Vielleicht ist das eines ihrer Karrieregeheimnisse: Begeisterung für das, was sie tut.

Der Tourismus ist es auch, der sie nach Florenz führt. Dort steigert sich die Begeisterung noch einmal. Sie lernt vormittags, hat nachmittags frei und erkundet die Gegend, abends jobbt sie in einer Bar. „Der schönste Sommer meines Lebens", sagt sie noch heute. Tragisch für eine Branche wie den Tourismus, solche begeisterten und motivierten Menschen nicht halten zu können.

Aber auch tragisch für Sonja Wallner? Jemanden, derso gern unterwegs ist und mit Menschen zu tun hat, und dann im Controlling landet? Das klingt nicht, als wäre da ein Lebenstraum in Erfüllung gegangen. Sonja

Wallner widerspricht entschieden. „Ich verbringe 80 bis 90 Prozent meines Tages mit Menschen und nicht mit Zahlenkolonnen. Und ich verfolge den modernen Controllingansatz, den Menschen die Zahlen zu erklären", sagt sie. Und dann weiter, ganz analytisch: „Mein Job passt genau zu meinem Naturell. Als Finanzmanagerin mag ich eine gewisse Art von Genauigkeit und Struktur. Gepaart mit meinem Pragmatismus ist das eine gute Kombination, um die gefühlten 150 täglichen Themen gut zu bewältigen. Dazu gehört auch die Erkenntnis, dass man nicht alles bis ins letzte Detail wissen muss."

Zwickmühle Digitalisierung

Ich frage mich, welche Bedeutung das Thema Digitalisierung für Sonja Wallner hat. Ein Turbo, weil sie in einer digitalen Company in einer digitalen Welt lebt? Oder eher ein Hindernis, weil sie eben keine Technikerin ist in einem Technologieunternehmen? Wallner schenkt sich aus ihrer Thermoskanne einen Tee ein. „Ich sehe das als Zwickmühle", sagt sie nach kurzem Nachdenken, „einerseits wollen wir immer effizienter, immer schneller und fehlerfrei arbeiten, und das machen in vielen Bereichen Maschinen einfach besser. Andererseits wünsche ich mir und brauche ich auch die Kreativität und Kombinationsfähigkeit, die Maschinen eben nicht leisten können." Und der Impact für sie persönlich? „Ich kann mich noch an meinen ersten Job erinnern, da ist gerade die Software Lotus Notes eingeführt worden. Das war ja eine Revolution, plötzlich nicht mehr die Ordner physisch herumtragen oder schicken zu müssen. Rein repetitive Aufgaben werden früher oder später von Maschinen und Algorithmen übernommen werden. Und das ganze Thema Homeoffice wäre ohne Digitalisierung ja gar nicht möglich. Man muss sich nur vorstellen, was es bedeutet hätte, wenn eine solche Pandemie vor 15 oder 20 Jahren ausgebrochen wäre."

Aber gerade Corona und Homeoffice hat den Frauen ... ich habe meinen Einwand noch gar nicht zu Ende geführt, da greift Sonja Wallner das Thema schon auf. „Studien aus Nordamerika belegen, dass viele Frauen die Mehrfachbelastung aus Homeoffice, Distance Learning und Haushalt nicht ausgehalten und im Job Stunden reduziert oder sogar gekündigt haben. Das muss man schon sehr kritisch sehen."

Bitte kein Zögern

Für A1 – wie für fast alle Unternehmen – waren die Lockdowns absolutes Krisenmanagement. Manchmal waren auch harte Entscheidungen notwendig. Wie geht sie als Top-Managerin damit um? „Wirklich gut darüber nachdenken und dann, wenn die Entscheidung gefallen ist, die Sache direkt und klar ansprechen und durchziehen. Mit Zögern ist keiner Seite geholfen." Und die damit verbundene Belastung, der Druck? „Ich bearbeite Probleme, indem ich über sie rede. Manchmal auch als ‚Sprechdenken‘, also indem ich alles rauslasse, was mir durch den Kopf geht, ganz unstrukturiert." Aber dann kommt doch wieder die strukturierte Analytikerin durch: „Anschließend mache ich dann diese Pro-und-Contra-Listen, also schreibe auf, was für und was gegen eine Entscheidung spricht."

Was dabei deutlich wird: Auf der Sachebene fühlt sich Sonja Wallner besonders wohl. Und sie liebt es geradezu, Lösungen zu finden. „Ich bin sehr positiv und lösungsorientiert", beschreibt sie sich selbst, „und dazu zäh und ausdauernd." Aber das klingt schon fast wieder ein bisschen zu sachlich.

Ich muss an das Klischee „Frauen verstehen nichts von Zahlen" denken. Begegnet ihr das als Finanzvorständin auch? „Ich halte das für einen absoluten Humbug. Ich liebe Zahlen." Schon als junge Schülerin hilft sie im elterlichen Betrieb, am Freitagnachmittag den Arbeitern das Geld in die Lohntüten zu zählen. Solche Vorurteile töten nur noch zusätzlich das Interesse von Mädchen an Mathematik, ist sie überzeugt. „Das Problem ist, dass wir Frauen uns häufig klein machen und uns einreden, wir verstünden von technischen Sachen nichts. Das ist Blödsinn. Ich bin auch keine Technikerin, aber vom Prinzip her verstehe ich, wie unsere Technik funktioniert. Da hilft der Hausverstand plus einige verständliche Erklärungen."

Gerade in Technologieunternehmen ist die Präsenz von Frauen in den Führungsetagen noch geringer ausgeprägt als in anderen Betrieben. A1 ist da keine Ausnahme. Aber wie lässt sich das ändern? „Nach drei Jahren zähen Ringens habe ich es durchgesetzt, dass beim Management eine Frauenquote Teil der Zielvereinbarungen ist, auch der monetären", berichtet Wallner, „und seitdem das so ist, wird über das Thema auch gesprochen. Dabei habe ich bis vor wenigen Jahren die Quote selbst verteufelt. Wer will schon eine Quotenfrau sein? Aber wenn man sich zum Beispiel die skandinavischen Länder ansieht: Sie funktioniert."

Ja zur Quotenfrau

Jemand wie Sonja Wallner belässt das nicht bei einer reinen Erkenntnis. Sie unterstützt aktiv die Initiative des Landes Oberösterreich „Ich bin eine Quotenfrau", die hilft, mit spielerischen Mitteln das Interesse, das Selbstbewusstsein und die Wettbewerbslust von Mädchen zu fördern und auf das ganze Land auszurollen. „Dass Frauen wettbewerbswilliger werden, ist wirklich ein wichtiger Punkt."

Wie notwendig das ist, erfährt sie selber immer wieder im Unternehmen, kopfschüttelnd. „Wenn ich Frauen ermutige, sich für eine Managementposition zu bewerben, höre ich immer wieder: ‚Aber ich kann das ja gar nicht.' Welcher Mann würde so eine Antwort geben, wenn er vom Vorgesetzten aufgefordert wird, sich zu bewerben? Keiner!"

Sie selber zeigt auf, stellt sich Projekten, auch außerhalb ihres Kernbereiches. Die Versteigerung der Mobilfunkfrequenzen, der Rollout des Glasfasernetzes – stets geht es um viel, und Sonja Wallner ist dabei. Sich nicht zu verstecken, sich nicht zu fürchten, das ist sicher ein Erfolgsgeheimnis von ihr. Und ein Unterschied zu vielen anderen Frauen.

Was sie noch auszeichnet: Sonja Wallner hat klare Meinungen. „Ich bin eine ganz deutliche Befürworterin von vorschulischer Bildungspflicht. Dazu gehört auch eine größere Wertschätzung für Kindergärtnerinnen und Volksschullehrer." Deutliche Worte, denen man anmerkt, wie wichtig ihr dieses Thema ist.

Und auch für die Dauerbaustelle „Vereinbarkeit von Familie und Karriere" findet die Vorständin klare Worte: „Egal, was eine Frau macht, es ist immer falsch. Bekommt man Kinder und stellt den Job dafür zurück, ist man nicht tough und karrierefähig. Bekommt man Kinder und bleibt nicht zuhause, ist man eine Rabenmutter. Und ohne Kinder ist man ein hartes und verhärmtes ‚Karriereweib'. Also, was soll's?"

Diese klare Ansage führt Sonja Wallner zum nächsten Punkt. Der ist absolut privat, hat aber doch maximalen Einfluss auf die Karriere. „Die wichtigste Entscheidung im Leben einer Frau ist, auch beruflich, welchen Partner sie sich an ihre Seite holt. Wenn man seinen Beruf gerne hat und es zuhause jedes Mal Diskussionen gibt, wenn man später aus dem Büro kommt, dann sollte man sich von diesem Partner trennen, weil das nicht funktionieren wird. Wichtig ist, jemanden an seiner Seite zu haben, der sagt: Kümmere dich auch um dich selbst!"

Woher kommt dieses enorme, dieses emotionale, dieses entschiedene Engagement für Frauen? Sonja Wallner nimmt noch einen Schluck Tee. „Ich will zeigen, dass es geht. Dass frau Karriere machen kann, wenn sie normal intelligent, normal engagiert, normal, normal, normal ist. So wie ich auch. Sie muss sich nur trauen und darf nicht schon vorher aufgeben."

Persönliches Fazit

Kaum jemand spricht die Dinge klarer aus als
sie, kaum jemand formuliert prägnanter. Was auch
auffällt: Obwohl sie eine super Position hat und
einen super Job macht, bloß nicht die Superwo-
man heraushängen zu lassen. Stolz zu sein auf
eine gewisse Normalität. Und das als Zeichen der
Ermutigung zu nutzen und zu positionieren. Frau
muss keine magischen Fähigkeiten haben, um Karriere zu machen. Sie muss sich nur trauen und es
einfach tun.

</

Sarah
Spiekermann

(Universitätsprofessorin an der WU Wien);

Steckbrief<<<Gesucht>>>
| Professorin mit Weitblick und Tiefgang

Sarah Spiekermann leitet seit 2009 das Institut
für Wirtschaftsinformatik und Gesellschaft an
der Wirtschaftsuniversität Wien. Sie ist eine anerkannte Wissenschaftlerin, Autorin, Vortragende
und Beraterin für digitale Ethik.

{„Echte Stärke kultivieren";

Ihr 430 Jahre altes Haus im Burgenland blieb mir verwehrt. Dabei hatte ich mich über die Einladung in ihr Domizil im östlichsten Bundesland richtig gefreut. Corona kam dazwischen. „Ich bin davon überzeugt, dass die Zukunft am Land liegt. Die Stadt benutze ich als Plattform. Ich will nicht zu weit weg sein von ihr, aber hier am Land ist die Lebensqualität viel höher. Und die Freiheit größer", sagt Sarah Spiekermann, Professorin für Wirtschaftsinformatik und Gesellschaft an der WU Wien, die früher in Großstädten wie Paris und Berlin lebte.

International beziehungsweise länderübergreifend war ihre Ausbildung, die einen prägenden Einfluss auf ihre Karriere hatte. Ein Ziel vor Augen: in den Medien Fuß fassen, vorzugsweise bei Film und Fernsehen. Dort hatte sie jedoch ohne Beziehungen wenig Glück. Sie musste sich nach etwas anderem umsehen, denn für ihre Studiengänge waren mit Pflichtpraktika verbunden. „In Oxford stand ich plötzlich ohne Praktikum da", weiß sie noch heute. Ein Notprogramm der Universität für nicht untergebrachte Praktikanten eröffnete ihr eine neue Welt. Der Silicon-Valley-Pionier 3Com bot ihr eine Stelle an. „Das waren die mit dem quietschenden Modem", erläuterte sie und löst damit bei mir gleich Erinnerungen aus. In der Telekombranche war alles anders. Sie wurde in ihrer Arbeit gefördert: „Ich bekam die Möglichkeit, sofort an länderübergreifenden Strategien mitzuarbeiten und erhielt sogar einen Dienstwagen ", beschreibt sie ihren ersten Job. Die Begeisterung spürt man bis heute – auch via MS-Teams-Meeting. „Ich habe sofort verstanden: die IT ist ein Bewegungselement. Sie verändert unsere Welt und wird zu meinen Lebzeiten gestaltet. Von dem Moment an war mir klar, dass mein Berufsweg in die Telekomindustrie führen wird", erzählt die Uni-Professorin. Die fachspezifische Bildung hat sie sich selbst erarbeitet – unter anderem mit dem Newsletter der Internet-Pionierin Esther Dyson. Die IKT war Liebe auf den ersten Blick. Der Wunsch, in die Medienwelt zurückzukehren, war versiegt.

Ein stabiler Boden

Der Antrieb für ihre Karriere in diesen Jahren war simpel und hochkomplex zugleich: „Ich wollte verstehen." Spiekermann hatte immer das Gefühl, und auch das Bedürfnis, die Technikwelt mitzuformen. „Ich wollte mitentwickeln, wie diese Welt aussehen wird." In ihrem letzten Studienjahr Ende der 1990er kam sie dann zum Chaos Computer Club, bei dem sie sich für das Thema

Datenschutz engagierte und der sie über 20 Jahre als Forschungsthema weiterh begleiten sollte. Hier war das kreative, schöpferische Potenzial der Technologie zuause. Parallel dazu die fast schon diametral anders anmutenden Beraterjahre bei A.T. Kearney – natürlich in der Telekombranche. Und dann ein letzter Ausflug in die Silicon-Valley-Welt. Heute will sie nicht für ein Unternehmen, eine andere Marke, stehen, sondern für sich selbst. „Ich habe auf der ganzen Welt Kontakte, aber ich bin meine eigene Brand", sagt sie. „Für mich ist die Welt mein Zuhause, aber wir Menschen sind wie Pflanzen, wir brauchen einen stabilen Boden, auf dem wir gedeihen können. Wir dürfen nie vergessen, dass wir sterblich sind. Mit den Jahreszeiten wird man daran erinnert, dass man ein Kind der Zeit ist, und an die Wandelbarkeit der Natur", führt Sarah Spiekermann ihre Gedanken aus und fügt hinzu: „Das ist die Demut, die in der Technologiebranche fehlt und die ich da hineinbringen möchte."

Macht, Paradoxon und Angst

Erkennt man darin die Transformation von Wirtschaft und Gesellschaft, frage ich sie. „Es geht um Macht", antwortet sie. Dieser Drang, so viele Daten wie möglich von Kunden zu bekommen, steht im Vordergrund. „Hier setzt das ‚Privacy Paradoxon' ein: Die Menschen haben ein natürliches Bedürfnis nach Privatsphäre, sie wollen diese schützen und gleichzeitig geben sie alles von sich preis." Diese These hat Spiekermann als erste formuliert und beforscht. „Menschen wollen frei kommunizieren, sie möchten die Technologie nutzen. Und sie sollen auch keine Angst davor haben müssen", sagt sie.

Hier kommt die Datenschutzgrundverordnung ins Spiel. Ich möchte wissen, ist sie Booster oder Bremse? „Sie könnte ein Booster sein", lautet ihre Antwort. „Firmen müssten *Privacy by Design* umsetzen. So könnten wir uns von den amerikanischen und chinesischen Systemen differenzieren. Aber die Unternehmen spielen lieber Ping-Pong mit den Behörden. Das ist einfach nur schade."

Offline, um frei zu sein

Wie lebt sie das nun als Privatperson, interessiert mich in diesem Moment. „Ich lebe sehr stark offline", betont sie bestimmt und erläutert, was das für sie bedeutet: „Ich lasse nicht zu, dass mein Smartphone von mir Besitz nimmt. Ich habe kein E-Mail auf meinem Handy. Ich lese keine Newsticker und keinen permanenten Newsfeed. Ich bekomme alles über Artikel oder die Nachrichten mit. Und ich habe keinerlei Anwendungen aus dem Facebook-Konzern: kein Whatsapp, kein Facebook und kein Instagram." Der Antrieb das zu tun? Um frei zu sein!

Geizig mit Lebenszeit

Das ist für viele junge Menschen unvorstellbar. „Was würden Sie jungen Menschen für einen Rat geben?", möchte ich wissen. „Ich würde Ihnen einen gesunden und würdevollen Umgang mit den sozialen Medien empfehlen. Die eigene Aufmerksamkeit und die eigene Lebenszeit sind das Wertvollste, das wir geschenkt bekommen haben. Ich bin sehr geizig damit. Ich schenke diese Zeit lieber meinen Freunden, Büchern oder meinen Tieren und nicht dem Facebook-Algorithmus. Ich möchte nur Qualität", betont Spiekermann und erinnert sich an ihre Zeiten als Beraterin: „Ich bin am Freitagabend aus dem Flieger gestiegen und habe noch zwei Stunden telefoniert. Ich konnte nicht ohne dem. Und ich war ganz zu Anfang bei Facebook. Bei jedem Foto, das ich geschossen hatte, habe ich mir überlegt, ob ich das nun poste oder nicht. Ich kenne diese Abhängigkeiten." Und wie kommt man wieder davon weg, drängt sich als Frage auf. „Ich gehe regelmäßig in eine Art Selbstreflektion und versuche dann, mein Leben anzupassen, mich zu verbessern", sagt die Professorin. Alle ein, zwei Jahre findet so ein Überdenken der eigenen Aktivitäten statt und bei systemischen Problemen wird so gut gegengesteuert wie möglich.

Das wünscht sie sich auch von ihren Studenten: Bewusster zu sein, und bewusst ihr Leben zu gestalten. „Es fehlt einfach oft der Mut, aus einem bisherigen Lebensweg auszusteigen und zu tun, was man ehrlich für richtig hält." „Junge Menschen sind aber doch mutiger als frühe Generationen", wende ich ein. „Wenn das so wäre, würde ich mich freuen", entgegnet sie scharf. Den Mut aus dem Internet auszusteigen und die „Fear of Missing Out" zu überkommen, sieht sie heute nicht. Mut beginnt für Spiekermann dort, wo Risiko eingegangen wird. Das Risiko, Freunde zu verlieren, entlassen zu werden. „Ich weiß nicht, wie mutig hier die junge Generation ist, besonders jene, die Karriere machen möchten. Die, die ihren Beitrag leisten möchten und sich einsetzen, sind gute Mitarbeiter für Firmen, die anderen pfeifen auf das System."

Das Sandkorn in der Wüste

Zeigt das die Bedeutung der Philosophie – für die Menschen, für die Digitalisierung? „Philosophie durchwebt alles, was ist", stellt Spiekermann als Antwortthese in den Raum. Was bedeutet das für sie? „Wir sollten Philosophie leben. Dann versteht man, dass die Welt größer ist als das BWL-Studium oder als die Informatik. Die Auffassung der Computerwissenschaften von der Welt sind auf dem geistigen Niveau eines Sandkorns in der Wüste dessen, was ist. Philosophie dagegen ist die Mutter der Wissenschaften." Dann müsste Philosophie eine ganz andere Rolle in der Ausbildung spielen, um einen breiten Zugang zu bekommen? Sollte man Philosophie mit anderen Studienrichtungen kombinieren? „Ja!", lautet die kompromisslose Antwort. „Ein guter Techniker sollte Philosophie studieren, um demütiger gegenüber der Welt zu werden. Wenn ich träumen dürfte, müssten alle Leute ein Studium generale absolvieren – mit den Kernfächern Philosophie, Geschichte und Geschichte der Mathematik. Von diesem Ausgangspunkt kann man sich danach spezialisieren", führt Sarah Spiekermann aus.

Geist und Handwerk

Würden Sie dann jungen Menschen empfehlen, ein geisteswissenschaftliches Studium zu wählen? „Ich würde ihnen empfehlen, Bücher zu lesen, ihren Geist zu schulen, die Aufmerksamkeit zu sensibilisieren und: ein Handwerk zu lernen." Ein Handwerk? „Ein Handwerk. Es geht um Skills und Crafts. Es muss deshalb nicht jeder Handwerker werden, aber etwas können, das einem niemand mehr nehmen kann. Ein Handwerk und ein darauf möglicherweise aufbauendes Studium ist die ideale Ausbildung. Ein Bekannter von mir hat Kunstrestaurateur gelernt und Chemie studiert. Keiner versteht es besser als er, die schwierigsten Kunstwerke wieder herzurichten."

Einzigartigkeit und Ungleichheit

Und fernab von der beruflichen Entwicklung, was braucht es für Eigenschaften, um sich weiterzuentwickeln? Für die erfolgreiche Professorin sind das klar die drei Tugenden „Bescheidenheit, Demut und Respekt". „Demut ist, zu wissen, wo ich selbst stehe, mit Respekt akzeptiere ich, wo andere stehen", sagt sie und ergänzt, dass es trügerisch sei, dass man dank des Internets meine, dass alle gleich seien und Hierarchien nicht mehr existierten. Die Einzigartigkeit und die Ungleichheit sind aber entscheidend.

Welchen Rat kann man Frauen in dieser komplexen Berufswelt mitgeben? „Ab einer bestimmten Hierarchieebene muss man als Frau im Prinzip das Zehnfache leisten, um das gleiche Ansehen wie ein Mann zu ernten. Wäre ich ein Mann, würde man meine Leistung sehr viel höher bewerten. Als Frau hingegen sieht man mich immer wieder gern als Mädchen an", analysiert sie die unterschiedlichen Perspektiven. Kalten Wind jedoch erlebe man gehörig, sobald man auf der Karriereleiter aufsteigt. „Wenn Männer einen als Konkurrenz empfinden, dann testen sie die Hackordnung aus", ist Spiekermanns Beobachtung und ihr Appell dazu: „Frauen müssen dem mit einer inneren, weiblichen Stärke begegnen. Wenn man echte Kraft von Innen hat, kann man sich durchsetzen. Das ist eine authentische und keine hysterische Stärke." Frauen müssten diese echte Stärke kultivieren. „Wir denken anders und wir lieben andere Dinge. Wir dürfen nicht ein besserer Mann sein wollen, sondern wir müssen uns mit unserer Weiblichkeit durchsetzen. Das wird aber noch ein, zwei Generationen Frauenförderung brauchen. Dann bricht vielleicht das echte Zeitalter der Frauen an – mit Charme und Freude an unserem Geschlecht."

Persönliches Fazit

Selbstreflektiert, überlegt und radikal in ihren Gedanken und in ihren Aktionen. Mut scheint selbstverständlich zu sein und über Grenzen und eingefahrene Pfade hinweg Denken ist das beeindruckende Erfolgsrezept der starken und interessanten Uni-Professorin Sarah Spiekermann. Tief in der Technologie verwurzelt, empfiehlt sie jungen Menschen ein Handwerk zu lernen und Philosophie zu studieren – zumindest auch. Aufregend anders.

</

Hannah
Lux

(Social Entrepreneurin und
Mitgründerin Vollpension);

Steckbrief<<<Gesucht>>>
| Brückenbauerin mit hohem sozialen
| Engagement

Hannah Lux hat als Geschäftsführerin das Sozialunternehmen Vollpension in Wien aufgebaut. Sie
hat an der Wirtschaftsuniversität Wien und an der
Humboldt Viadrina School of Governance in Berlin
studiert. Social Entrepreneurship bedeutet für
sie die Verbindung aus sozialem Wirken und Wirt-
schaftlichkeit im Unternehmertum.

{Lieber Pippi Langstrumpf als Opfer;

Ihre Geschichte erinnert ein wenig an Pippi Langstrumpf.
Astrid Lindgrens selbstbewusste, leicht aufsässige Kin-
derbuchheldin hat sich ihre eigene Welt geschaffen,
nach eigenen Regeln, abseits der herkömmlichen, faden Erwachsenenwelt. Jetzt hat Hannah Lux weder rote
Haare, noch Zöpfe, und ist auch keine literarische Figur. Aber auch sie hat sich ihre eigene Welt geschaffen, nach ihren eigenen Regeln. Und eine davon lautet:
Soziale und ökonomische Ziele schließen sich nicht aus,
sondern lassen sich gleichzeitig verwirklichen.

Aus dieser Überlegung heraus gründete sie gemeinsam mit anderen 2015 das Social Business Vollpension. Das Sozialunternehmen beschäftigt „Omas" –
und auch ein paar „Opas" –, die dort selbstgebackene

Kuchen und Torten anbieten. Damit können die Seniorinnen ihre meist niedrigen Pensionen aufbessern und haben gleichzeitig Ansprache und Kontakt zu dem überwiegend jungen Publikum. Das alles geschieht mit einem Augenzwinkern. Der Name Vollpension ist ein bewusst gesetzter Kontrapunkt zur weit verbreiteten Altersarmut und Isolation von Älteren. Und die backenden Damen heißen liebevoll „Omas", weil der Kuchen eben schmecken soll wie bei Oma – also am besten, wie jeder weiß. Die lockeren Begriffe spiegeln Hannah Lux, die die Fähigkeit besitzt, auch über ernste Anliegen ohne Dramatik und Bleischwere zu reden. Das entkrampft. „Ich mach' mir die Welt widdewidde wie sie mir gefällt", heißt es im Pippi-Langstrumpf-Lied. Der Ausspruch könnte aber auch von Hannah Lux sein, weshalb sie für mich ein Role Model für junge Menschen ist, speziell für junge Frauen.

Ihr Weg zur Vollpension, zur digitalen Back-Akademie und in den Aufsichtsrat der Fördergesellschaft Austria Wirtschaftsservice (AWS) ist alles andere als geradlinig. Sie inskribiert an der Wirtschaftsuniversität Wien, weniger aus Überzeugung, „sondern weil mir nichts Besseres eingefallen ist", wie sie jetzt Jahre später kopfschüttelnd aber lachend bemerkt. Ihre Skepsis bewahrheitet sich, sie fühlt sich fehl am Platz. Alles dreht sich nur um Geld und Karriere und wie man möglichst schnell die erste Million macht – nicht ihr Ding. Ein Lichtstreifen im Studiendunkel ergibt sich durch das Erasmus-Programm und ein Austauschjahr in Paris. Dort belegt sie ein Seminar über Business-Ethik. Während die meisten Mitstudierenden in Ratlosigkeit verfallen, weil sie damit absolut nichts anfangen können und es keine Skripten zum Lernen gibt, blüht die junge Österreicherin regelrecht auf. „In diesem Seminar ist mir klar geworden, dass es einen anderen Weg gibt – und dass ich die Dinge selber in die Hand nehmen kann und diesen Weg gehen will", erzählt sie.

Bordell als Initialzündung

Doch so einfach ist das nicht. Zurück in Wien engagiert sie sich in der NGO-Szene. Auslöser ist die Auflösung eines illegalen Bordells, ganz in der Nähe ihrer Wohnung. Schockiert von dem Vorfall vor ihrer Haustür gründet sie eine Initiative, die Zwangsprostituierten hilft. Die richtige Idee, die richtigen Leute, die bei der Mini-NGO mitmachen, und schon lassen sich Dinge bewegen. „Zum ersten Mal habe ich durch die Gründung echte Selbstwirksamkeit erfahren. Mein Handeln kann bewirken, dass andere eine Chance im Leben haben, die sie sonst nicht gehabt hätten", formuliert sie ihre damalige Erfahrung.

Obwohl sozial überaus engagiert und motiviert, fühlt sich Hannah in der NGO-Welt auch nicht recht Zuhause. Es ist fast wie an der Wirtschaftsuni, nur umgekehrt: Ist Geld dort der Götze, den alle anbeten, wird in der Welt der NGOs Unternehmertum, und damit verbunden auch der Kapitalismus und das Geldverdienen, oft als reines Übel abgestempelt. Auch kein Platz für Hannah Lux, die davon überzeugt ist, das unternehmerisches Handeln eine gesellschaftlich positive Kraft sein kann. „Wenn man nicht nur den monetären Profit in den Mittelpunkt stellt – klar, der darf auch sein – sondern eine Intention verfolgt, kann viel Schönes und echte soziale Innovation entstehen. Mir war und ist es wichtig, meine Kreativität zu nutzen um echte, nachhaltige soziale Innovation entstehen und wirken zu lassen."

Netzwerk von „spinnerten Ideen"

Also geht die Suche weiter. Nächste Station ist der Impact Hub Vienna, Coworking Space und Zentrum für Start-ups. Dort trifft sie auf Gleichgesinnte, die auch „spinnerte Ideen" haben, wie sie das nennt. In diesem Ideen-Biotop entsteht letztlich auch die Idee für das Generationencafé Vollpension. Genau ihr Ding: Ein soziales Projekt, aber unternehmerisch umgesetzt. Oder auch umgekehrt: Ein Unternehmen mit einer sozialen Mission. „Es ist total wichtig, dass es Menschen gibt, die Brücken bauen zwischen diesen Welten", ist sie überzeugt. Und hat damit präzise ihre Rolle definiert.

Zu dieser Rolle gehört auch, innerlich immer wieder eine Brücke zu bauen zwischen großem Selbstvertrauen und intensivem Sich-in-Frage-Stellen. Denn das zeichnet Hannah Lux ebenfalls aus: Auch sie musste von den beiden Initiatoren der Vollpension ermutigt werden, die Geschäftsführung zu übernehmen. „Hannah, wir sind überzeugt, du kannst das!" – Da war Neinsagen kaum noch möglich, obwohl Hannah Lux davon selbst absolut nicht überzeugt war.

Das Konzept des Generationencafés geht auf, bald gibt es zwei Standorte und rund hundert Mitarbeitende, die Hälfte davon in der gehobenen Altersklasse. Und dann kommt Corona. Doch auch das wird gemeistert, wovor ich besonderen Respekt habe. Diversität und Technologie zu verbinden, das ist wirklich eine Herausforderung. Aber wie geht man das an?

Omas ins Internet

„Ich bin absolut kein Technik-Freak", sagt Lux über sich selbst, „aber für uns war das der einzige Weg, diesen ganzen Corona-Wahnsinn zu überstehen." Die Challenge: Die Kernwerte der Vollpension ins Internet zu übertragen. Aber wie digitalisiert man Omas und Kuchen? Es entsteht die Idee, Videokurse anzubieten, eine virtuelle Back-Akademie. Nicht selten schalten sich Teilnehmer von England, Spanien und sogar Australien aus dazu, um mit den Wiener Omas zu backen.

Die Plattform kommt gut an und wird bald ausgebaut. Ältere Menschen können dort selbständig Onlinekurse anbieten. Die Onlineplattform wird zum Weg, die Arbeitsplätze der Vollpension Seniorinnen während Corona zu erhalten und stellt das Social Business generell, nun um eine Onlinegeschäftsstelle erweitert, breiter auf. Unternehmen, die ältere Menschen als Zielgruppe haben, springen auf den Zug auf, lassen von den „Vollpensionisten" Content produzieren. Der wird mittlerweile in einem eigenen Studio hergestellt.

Die verbindliche und verbindende Art von Hannah Lux ist wirklich beeindruckend. Und sie ist spürbar, auch über Video. Aber wie erlebt sie sich selbst als Führungskraft? „Man darf die Verbindung zu sich selber nicht verlieren", lautet ihr Credo. „Wenn ich mich selber nicht spüre, wie kann ich dann spüren, was um mich herum passiert? Wie kann ich dann richtige Entscheidungen treffen?"

Und wo ist der Chef?

Als Mitgründerin des Sozialunternehmens waren gläserne Decke und Diskriminierung für sie persönlich bisher keine vordergründigen Themen. Dass sie etwa von Lieferanten manchmal gefragt wird, wo denn der Chef sei, nimmt sie mittlerweile mit robustem Humor. „Anfangs hat mich das oft geschmerzt und ich habe es persönlich genommen. Jetzt denk ich mir ‚Du wirst mich schon kennenlernen.'" Dass die Welt außerhalb des eigenen Unternehmens anders läuft, ist ihr bewusst. So hat die Chefin zu Gesprächen mit der Bank oder zum Abschluss großer Partner-Deals gerne auch mal einen Mann mitgenommen. „Es ist echt so: Als Frau muss man sich mehr erarbeiten, muss besonders performen, muss besser vorbereitet sein und sich so den Respekt erarbeiten. Dann geht es. Aber über diese Schwelle muss frau drüber."

Was Lux absolut nicht mag: Die Opferrolle. „Ein ‚Wir arme Frauen' hilft uns überhaupt nicht weiter." Aus ihrem Mund klingt das absolut überzeugend. Aber was hilft dann? „Sich auf die Füße zu stellen und zu sagen: So nicht mehr. Mutig und authentisch zu bleiben, sich mit anderen Frauen auszutauschen und vorzuzeigen, dass es auch anders geht!"

Als Sozialunternehmerin stellt Hannah Lux in der Vollpension nicht nur die Füße dar, sondern auch Kopf, Hände und Herz – mit den entsprechenden Möglichkeiten, Dinge auch umzusetzen. „Wir fördern nicht gezielt Frauen, sondern generell Menschen in ihrer Entwicklung", sagt Hannah Lux. Da ist das Beispiel der jungen Mutter mit ihrem fünf Monate alten Baby, die in der Vollpension anfängt und sogar in eine Führungsposition aufsteigt. „Die ist wirklich über sich hinausgewachsen, und das haben wir so gut wir konnten unterstützt", freut sich Lux. „Genau darum geht es doch."

Das ist es wieder: Ich mach' mir die Welt widde-widde wie sie mir gefällt! Ist das ein typischer Zugang von Frauen? Hannah Lux zögert. „Ich denke, es ist kein Frauen-Zugang, sondern ein weiblicher. Und wir Menschen haben ja neben männlichen, eben alle auch weibliche Züge in uns. Und ja, vielleicht sind Frauen auch mutiger und haben mehr Vertrauen, dass ohnehin geschieht, was geschehen soll."

Persönliches Fazit

Die Empathie von Hannah Lux ist nicht nur spür-bar, sondern greifbar. Als Brückenbauerin zwi-schen Unternehmertum und sozialer Mission hat sie ihre Rolle gefunden. Sie besitzt diese weibliche Stärke, Welten miteinander zu verbinden. Was an Hannah Lux auch „typisch weiblich" ist: Sie hat als Geschäftsführerin tolle Arbeit geleistet, stellt ihre Leistung aber bescheiden dar. Zu be-scheiden. Dieses Downgrading ist sympathisch, in einer lauten Männerwelt vielleicht zu leise.

</

Dorothee Ritz

(Geschäftsführerin für Solutions to Retail E.ON Energie Deutschland);

Steckbrief<<<Gesucht>>>
| Eine Frau für Energiewende und
| Digitalisierung

Dorothee Ritz hat Anfang Juli 2021 das Ressort
Solution to Retail beim deutschen Energieriesen
E.ON übernommen. Zuvor war sie sechs Jahre lang
General Manager bei Microsoft Österreich. Be-
gonnen hat die studierte Juristin ihre berufliche
Laufbahn als Journalistin, wechselte dann aber
ins Management beim Medienunternehmen Bertelsmann, das damals gerade AOL Europe startete. Es
folgten verschiedene Auslandsstationen für AOL
und MSN, bevor sie 2004 zu Microsoft kam.

{Dirndln und die Macht des Wortes;

Sie ist nicht gerne auf der Durchreise, flüchtige Be-
gegnungen entsprechen nicht ihrem Naturell. „Ich ler-
ne gerne Neues" – das ist ein Satz, den Dorothee Ritz
in unserem Gespräch häufiger sagt. Und weil Neues
zu lernen selten auf die schnelle, oberflächliche Tour
gelingt, muss man länger an einem Ort bleiben. Drei
Jahre war die deutsche Top-Managerin für den Gü-
tersloher Medienriesen Bertelsmann in Australien,
sechs Jahre zuletzt als General Manager von Microsoft
in Österreich. Sprachliche Spuren hat der Austro-Auf-
enthalt nicht hinterlassen, ihr Deutsch klingt immer
noch sehr bundesdeutsch. Aber ich habe sie beim Fo-
rum Alpbach auch schon im Dirndl erlebt, so viel As-

simulation geht dann doch. Dorothee Ritz lacht: „Ich habe zehn Dirndln im Schrank!"

Der nächste längere Aufenthaltsort ist bereits bezogen: Die Vorstandsetage des deutschen Energieriesen E.ON. Dort ist Ritz seit 1. Juli 2021 für das Ressort *Solutions to Retail* verantwortlich. Keine kleine Aufgabe: Der Energiekonzern setzt über 60 Milliarden Euro um, Ritz verantwortet Marketing sowie Weiterentwicklung der Angebote für Privat- und Geschäftskunden, von speziellen Ökostrom-Tarifen bis zu einer digitalen Sales-Plattform. Ihr Verantwortungsbereich umfasst Strom und Gas, E-Mobilität und Photovoltaik. Damit sitzt sie an der Schnittstelle zwischen den entscheidenden Umwälzungen, die Wirtschaft und Gesellschaft in den nächsten Jahren und Jahrzehnten bestimmen werden: Energiewende und Digitalisierung. Heißer geht es kaum.

„Es fasziniert mich, etwas bewegen zu können", erklärt die Top-Managerin ihre Motivation. Was sie ebenfalls fasziniert ist Macht. Aber nicht ihre eigene, was sie vielleicht von vielen Männern unterscheidet, sondern die Macht des Wortes und die Macht der Kommunikation. Diese „Mächte" begleiten sie entlang ihrer Karriere.

Die Macht des Wortes

Dorothee Ritz beginnt ihre berufliche Laufbahn als Reporterin bei den „Starnberger Nachrichten". Das klingt auf Anhieb nicht besonders aufregend, für die junge Frau ist es das aber. Die Gemeinderatssitzungen sind für sie spannend, weil sie die großen Dinge hinter den kleinen sieht: Die Politik, die hier auf der lokalen Bühne probt; die rechtlichen Rahmenbedingungen, die bis in die Lokalpolitik hineinwirken. Ritz beschließt, Jus zu studieren, „mit Begeisterung", wie sie betont.

Während sich die meisten Kommilitoninnen auf Familien- und Arbeitsrecht spezialisieren – die „typisch weiblichen" Rechtsgebiete –, stürzt sich Dorothee Ritz aufs Unternehmens- und Gesellschaftsrecht. Alleine unter Männern. Für sie ist das kein Problem. „Ich fühle mich nicht als Frau", sagt Dorothee Ritz. Ein merkwürdiger Satz, der durchaus irritiert. Was sie meint: Sie will nicht als Frau beurteilt oder bewundert werden, sondern anhand ihrer Leistung – ihrer geschlechtsunabhängigen Leistung.

Da gibt's was Neues: Das Internet

Über persönliche Kontakte – ja, das darf man auch mal sagen, weil es oftmals so ist – kommt sie als Vorstandsassistentin zu Bertelsmann New Media, einem Bereich des Medienunternehmens Bertelsmann AG, zu dem RTL, Gruner & Jahr, Random House und Arvato gehören. Und sie kommt in eine Phase des Aufbruchs: Das World Wide Web lernt laufen. Um dabei zu sein, braucht man Disketten oder CDs, die glücklicherweise oft Computerzeitschriften gratis beiliegen. Bertelsmann, Mutterkonzern von Gruner & Jahr, gründet gemeinsam mit AOL, damals ein Big Player in der gerade entstehenden Welt des Internets, das Joint Venture AOL Europe. Mittendrin: Dorothee Ritz. Die ist neugierig und will, wie immer, etwas Neues lernen.

Und sie stellt eine Frage, die in der Technikeuphorie der sich gerade abzeichnenden ungeahnten Möglichkeiten des Internets gar nicht so gerne gehört wird:

Was bringt das eigentlich dem Nutzer? Wer so fragt, landet schnell dort, wo diese Frage beantwortet wird: Bei der Wirksamkeits- und Reichweitenmessung und der darauf basierenden Werbevermarktung. Für Ritz ist das auch der erste Kontakt mit digitalen Tools – der Beginn einer langen Beziehung.

Zuerst geht es einige Jahre für Bertelsmann, AOL, MSN – auch ein Fossil der frühen Internet-Jahre – und die neue Online-Welt rund um den Globus. 2004 folgt dann die Landung bei Microsoft, erst in München, ab 2015 schließlich als Chefin in Österreich. Was sie in diesen Jahren erlebt und erfahren hat: Die Macht der Kommunikation. Und das ist etwas, was sie bis heute nicht loslässt.

Bitte nutzen: Netzwerke und Mentoren

Die Macht der Kommunikation – das sind auch Netzwerke. „Ja", sagt Dorothee Ritz, „Netzwerke sind wichtig. Man darf sie nutzen, aber man muss sie auch pflegen." Ganz begeistert ist sie vom starken weiblichen Netzwerk in Österreich:„Das hat mir wirklich sehr geholfen, als ich in neu in Wien war". In dieser Aussage schwingt auch ein Rat mit: „Viele Frauen unterschätzen die Bedeutung von Netzwerken. Und das ist ein Fehler. Man darf Netzwerke nutzen, das ist legitim und nichts Schlimmes! Seien wir doch ehrlich: Alleine schafft es kaum jemand, egal, ob Mann oder Frau." Dazu gehören auch Mentoren, die fördern und unterstützen. „Die sind unfassbar wichtig", weiß sie aus eigener Erfahrung.

Und was ist sonst noch wichtig, damit frau eine

solche Karriere macht? „Lernen, lernen, lernen", betont Dorothee Ritz. Und sich selber vertrauen, auf seine Erfahrungen vertrauen. „Ich war als Austauschschülerin in den USA, in Arkansas, nicht gerade der Nabel der Welt. Damals war Bill Clinton dort Gouverneur", erzählt sie. „Im Grunde war diese Zeit nicht besonders aufregend. Aber ein wichtiges Learning war, und das ist mir erst später bewusst geworden: Du kannst dich in einer fremden Umgebung bewegen, yeah!"

Voraussetzung für das Lernen ist eine gewisse Offenheit. „Wenn man offen auf Menschen zugeht, bekommt man meistens Hilfe und Unterstützung", formuliert sie ihre Erfahrung. „Ich bin selten von Menschen enttäuscht worden." Begeisterungsfähig, offen und mutig – das sind auch die drei Adjektive, mit denen Dorothee Ritz sich selber beschreibt. Und sie passen wirklich gut, so habe ich Dorothee Ritz oft erlebt. Was ich noch hinzufügen würde: Ritz muss nicht „Everybody's Darling" sein, was aber vielleicht auch ein bisschen mit ihrer deutschen Herkunft zu tun hat. Respekt vor anderen, ja, aber nicht unterwürfig sein, nur weil jemand einen Titel hat. Deutsche Direktheit, ja, aber dabei stets freundlich bleiben. Das ist auch Dorothee Ritz.

Sorry, das war nix

„Was gehört noch ins Gepäck, um den Weg nach oben zu finden und ihn auch zu gehen?", frage ich. „Immer bereit sein, Dinge auszuprobieren", antwortet sie spontan, „und auf die eigenen Stärken aufbauen und vertrauen." Und wenn man ganz oben angekommen ist, dort auch zu bleiben und alles auszuhalten, was damit verbunden ist, gibt es auch dafür Rezepte? Auch das ist eine wichtige Frage. Dorothee Ritz hat dafür eine Dreier-Regel für sich selber aufgestellt. „Erstens: Es geht mir gut, wenn ich am Tag mehr positive Dinge erlebt habe als negative, die mir Energie rauben. Auf diese Bilanz muss ich achten. Zweitens: Nicht alle Dinge gelingen, das ist einfach so. Es hilft, diese Flops in Relation zu setzen zu allem Positiven: Ich bin gesund, habe eine intakte Familie, eine erfolgreiche Karriere – im Vergleich dazu sind gewisse Niederlagen unbedeutend. Und drittens: Wenn Fehler passieren, diese offen ansprechen. Also zum Beispiel nach einer verunglückten Präsentation beim Kunden anrufen und sagen ‚Sorry, das war nix'. Ich habe auf ein solches Eingeständnis oft sehr positive Reaktionen erlebt. Aber das ist nichts für Feiglinge."

Herd, Heim, Homeschooling

Corona, davon ist die Managerin überzeugt, hat den Frauen und Mädchen weltweit nicht gutgetan. Viele Schulen waren über Monate geschlossen, viele Frauen mussten zurück zu Herd, Heim und Homeschooling. Über die vergangenen Jahrzehnte betrachtet sieht sie die Entwicklung von Frauen in Führungspositionen jedoch durchaus positiv: „Es gibt viele tolle Frauen in Spitzenjobs und jede von ihnen ist ein Vorbild, das wieder viele junge Mädchen ermutigt. Denn darauf kommt es in erster Linie an: Junge Menschen zu ermutigen, andere Dinge auszuprobieren, aus den Stereotypen auszubrechen und ihnen zu sagen: Du kannst das!"

Und diese Ermutigung sollte nicht mit der Schule aufhören, sie ist auch in Führungsetagen notwendig. „Alle wissen, das diverse Teams erfolgreicher sind. Jedes Unternehmen muss sich daher fragen, ob es bei seinen Mitarbeitenden und in der Führungsebene die gesellschaftliche Vielfalt halbwegs abbildet." Das wird jetzt auch für Dorothee Ritz bei E.ON eine lohnende Aufgabe.

Persönliches Fazit

Leistung zählt, nicht das Geschlecht — das ist einer der zentralen Glaubenssätze von Dorothee Ritz. Ein anderer lautet: Netzwerke sind wichtig und frau darf sie nutzen — mann tut das ja auch. Und frau muss nicht „Everybody's Darling" sein.

</

Martina Mara

(Professorin für Roboterpsychologie an
der Johannes Kepler Universität Linz und
Mitglied des österreichischen Rats für
Robotik und Künstliche Intelligenz);

Steckbrief<<<Gesucht>>>
| Brückenbauerin zwischen Mensch und
| Technik

Martina Mara ist Österreichs erste Professorin für
Roboterpsychologie. Sie hat Kommunikationswissen-
schaften und Psychologie studiert und einige Jahre
als Journalistin gearbeitet, bevor sie zum Ars
Electronica Futurelab nach Linz kam. 2018 wurde
sie zur Professorin für Roboterpsychologie am
Linz Institute of Technology der Johannes Kepler
Universität Linz berufen. Mara ist auch Mitglied
des österreichischen Rats für Robotik und Künstliche Intelligenz, der Konzeptgruppe für die neue
Technische Universität für Digitale Transformation
in Oberösterreich und Aufsichtsratsmitglied der
Österreichischen Forschungsförderungsgesellschaft.
Als Zeitungskolumnistin schreibt sie regelmäßig
für ein breites Publikum über Digitalisierung.

{Viele Perspektiven und ein Plädoyer für Männerförderung;

Das Gespräch beginnt mit einer netten Plauderei. Diese führt rasend schnell – und unbeabsichtigt – direkt
zum Thema. Martina Mara ist gerade zur Schwieger-
mutter übersiedelt, weil es in der Volksschulklasse
ihrer Tochter sechs Covid-Fälle gibt. „Homeschooling plus die eigene Arbeit, das ist ohne gelegentli-
che Unterstützung schon ziemlich schwierig", sagt

sie – und spricht somit eher beiläufig aus, was eines der zentralen Hindernisse für die Gleichstellung der Frauen ist: Die Vereinbarkeit von Beruf und Familie, die in der gesellschaftlichen Realität doch meistens noch reine Frauensache ist. Und selbst wenn, wie im Hause Mara, die Aufgaben gerecht geteilt werden, kommt es bei zwei berufstätigen Elternteilen mitunter zu echten Engpässen. In unserem Gespräch klingt das immer wieder durch: Was leicht aussieht, ist meistens schwer; erreichte Erfolge sind oft untrennbar mit durchgearbeiteten Nächten verbunden.

Martina Mara ist Professorin für Roboterpsychologie an der Universität Linz. Und doch führt die Visitenkarte gleich zweifach in die Irre. Mara ist natürlich, offen, von Professorengehabe keine Spur. Irrtum Nummer zwei bezieht sich auf das Thema Roboterpsychologie: Haben Roboter eine Psyche? Brauchen sie gar eine Psychologin, um zu funktionieren? Sind sie also uns Menschen ähnlicher, als wir glauben?

Martina Mara lacht. Es ist umgekehrt. „Natürlich liegen bei der Roboterpsychologie keine R2D2s auf der Couch. Mein Team und ich untersuchen in wissenschaftlichen Experimenten, wie Menschen intelligente Maschinen wahrnehmen", erklärt sie. „Es geht zum Beispiel um folgende Fragen: Wie kann man gemeinsam mit KI-Systemen Entscheidungen treffen, ohne sich zu stark in seiner Autonomie eingeschränkt zu fühlen? Was macht es mit uns, wenn Siri wie ein Mensch klingt? Wie wird ein Industrieroboter besser vorhersehbar in dem, was er tut – und in welchem Zusammenhang steht das mit Vertrauen?" Ich muss sie unterbrechen und sofort die Frage stellen, wovon es abhängt, dass Menschen keine Angst vor Technik haben und sich mit ihr wohlfühlen. „Ein wesentlicher Faktor ist es, die Technik zu verstehen, nachvollziehen zu können, wie sie funktioniert. Wem wenig erklärt wird, wer sich inkompetent fühlt, ist oft auch ängstlicher."

Fremdsprache schlägt MINT

Für Mara ist das auch eine Aufgabe der Schule, gerade auch, wenn junge Mädchen Richtung Technik gefördert werden sollen. „Internationale Studien zeigen, dass Mädchen und Jungen in den MINT-Fächern gleich gut sind. Aber die Studienwahl wird oft davon beeinflusst, in welchen Schulfächern man persönlich am besten abgeschnitten hat, und bei Mädchen sind das, obwohl sie in Mathe gleich gute Noten wie Jungen haben, trotzdem häufig etwa Sprachen." Mara selber ist ein Beispiel für das Problem: „Ich war Jahrgangsbeste in Mathe, bin aber selber überhaupt nicht auf die Idee gekommen, das zu studieren. Und es hat mir auch niemand dazu geraten."

In Vorträgen spricht sie deshalb gerne von „AI Literacy", also die Bedeutung von Basiswissen über Künstliche Intelligenz in der Breite der Gesellschaft. Auch hier braucht es Aufmerksamkeit. „Warum haben Sprachassistenzsysteme meistens weibliche Stimmen?", fragt sie. Eine rhetorische Frage. Mit der Frauenstimme wird unbewusst das Klischee der weiblichen Sekretärin bedient. Zu Geschlechterstereotypen im Technologiedesign betreut Mara aktuell auch mehrere Masterarbeiten. Vor allem Studentinnen interessieren sich dafür.

Ja zum Kindergärtner

Insgesamt hält Mara ihre Vorlesungen an der Uni aber

vor einem überwiegend männlichen Publikum. Ob Artificial Intelligence oder Informatik, nur rund 20 Prozent der Studierenden sind weiblich. Wie lässt sich das ändern?

„Diversitätsförderung ist wichtig, vor allem muss das Selbstbewusstsein junger Frauen unterstützt werden." Mara engagiert sich deshalb auch aktiv bei der „Initiative Digitalisierung Chancengerecht" von Doris Schmidauer, Österreichs First Lady. Aber: „Frauenförderung alleine reicht nicht. Es müssen gleichzeitig auch Männer gefördert werden. Es muss für sie leichter werden, in Karenz zu gehen, ohne Nachteile und ohne blöd angeredet zu werden. Sie müssen Volksschullehrer und Kindergärtner werden dürfen, ohne stigmatisiert zu werden. Sonst ist die ganze Frauenförderung immer nur eine halbe Sache."

In der Schule entdeckt Martina Mara ihre Freude am Schreiben und die Fähigkeit, komplexe Sachverhalte verständlich darzustellen. Also wird es ein Studium der Publizistik und Kommunikationswissenschaft mit dem Ziel, Autorin oder Journalistin zu werden. Zur Ausbildung gehören auch verschiedene Praktika, unter anderem bei der Oberösterreichischen Rundschau und der „Zeit im Bild" des ORF. Schließlich landet sie in der Lehrredaktion des Magazins NEWS. Die junge Oberösterreicherin stellt sich geschickt an und wird gleich in die Redaktion übernommen, das Studium ist erst einmal Geschichte.

Das Magazin ist zu dieser Zeit ein absoluter Erfolg, das Konzept hart recherchierter Boulevard. Der Ton ist eher Kasernenhof, Führung wird in Dezibel gemessen. Mara wundert sich, nimmt das damals aber als gegeben hin. Sie macht spannende Reportagen, berichtet vor Ort aus der Türkei und dem Silicon Valley. Der Job ist gut bezahlt, aber irgendetwas passt nicht. „Irgendwie wiederholten sich die Themen, gingen nicht tief genug, und mit den Vorstellungen der Chefetage konnte ich oft nicht gut mit", beschreibt sie rückblickend ihr Gefühl.

Facebooks Vorläufer

Sie macht die erste mutige Kehrtwendung, schmeißt den Job, um ihr Studium fortzusetzen. Und schlägt die für sie richtige Richtung ein. Denn für die Abschlussarbeit konzipiert sie eine empirische Untersuchung, für die sie 3.000 Online-Befragungen durchführt. Thema: „Narziss im Cyberspace: Zur Konstruktion digitaler Selbstbilder in den sozialen Medien." Untersuchungsgegenstand ist die damals überaus erfolgreiche Networking-Seite StudiVZ.

Mit dieser Forschungsarbeit sind thematisch zwar gewisse Leitschienen eingepflockt, aber Martina Mara bleibt vorerst noch nicht an der Uni. „Mein Weg zur Professur ist atypisch", sagt sie selber. Über eine ehemalige Journalistenkollegin bekommt sie einen Job bei EOOS Design, so ziemlich das Beste, was es in Österreich auf diesem Gebiet gibt. Eingestellt, um an einem wissenschaftlichen Buch über Design mitzuarbeiten, gewinnt sie einen völlig neuen Blick auf die Welt. Design nicht nur als Mittel zur „Behübschung" von Objekten zu sehen, sondern auch um die Welt zum Besseren mitzugestalten. Wie kann Design strategisch genutzt werden? Wie können partizipative Designprozesse ablaufen? Was können sie zu einer Kreislaufwirtschaft beitragen? Diesen Fragen soll mit einem eigenen „Institute of Design Research Vienna" nachgegangen werden. Mit an Bord: Martina Mara.

Daraus ergibt sich die nächste Weichenstellung. Als

Partner für ein Forschungsprojekt soll die Linzer Ars Electronica gewonnen werden. „Als Schülerin habe ich dort so manche Stunde verbracht, auch schulschwänzend", gesteht sie, „weil die damals schon Computer mit Internetzugang hatten. Diese Kommunikationsmöglichkeiten mit fremdem Menschen, die ganz woanders waren, das hat mich Ende der neunziger Jahre fasziniert."

Informatik fehlt

Die Zuhörerin ahnt schon was kommt, weil sich hier die nächste berufliche Station abzeichnet. „Wahnsinn, was es da in Linz für coole Institutionen gibt", denkt Mara sich, als sie näheren Kontakt zum *Futurelab* der Ars Electronica bekommt. Was sie besonders fasziniert: Das extrem interdisziplinäre Medienlabor, in dem sich Künstler und Programmiererinnen, Philosophinnen und Hacker treffen, forschen, konzipieren. Mara ist zunächst frustriert. Schade, dass ich dort nie werde arbeiten können, weil ich nicht Informatik studiert habe, denkt sie sich. Einer der wenigen Irrtümer ihrer Karriere. Sie bekommt ein Jobangebot.

„Die Erfahrungen bei der Ars Electronica waren für mich extrem relevant, weil ich erst dort wirklich begriffen habe, wie wichtig Interdisziplinarität ist, wie fruchtbar es ist, Menschen mit unterschiedlichem Background zusammenzubringen. Und das nicht jeder Informatik studiert haben muss, um die digitale Transformation mitzugestalten." Ihr gelingt es, quasi „nebenbei", ihr Doktorat in Psychologie zu absolvieren. Sie führt eine Reihe an Untersuchungen zu simulierter Menschenähnlichkeit bei Maschinen durch und schließt beim renommierten deutschen Medienpsychologen Markus Appel ab.

Das alles sprudelt aus Martina Mara nur so heraus, die Zeit zum Luftholen wird manchmal knapp. Was ich dabei spüre, ist die enorme Begeisterung, die sie für alle diese so verschiedenen Aufgaben empfunden hat. Ist Begeisterung das Schlüsselwort für ihre Karriere? „Es ist wichtig, sich neue Sparten zu eröffnen", sagt sie. „In meinem Leben gab es nicht den einen Punkt, an dem ich gesagt habe, genau da will ich in zehn Jahren sein. So war das nicht. Aber ich habe nie etwas gemacht, was mich nicht interessiert hat." Und der Beruf ist ihr wichtig, daran lässt sie keinen Zweifel. „Mein Arbeitsfeld ist Teil meines Selbstkonzepts,", sagt sie. „Bei meinem Mann ist das genauso, weshalb wir uns beide gegenseitig unterstützen."

Zweifel erlaubt

Doch diese positive und neugierige Lebenseinstellung birgt auch Risiken. Immer wieder etwas Neues anzufangen, immer wieder in einen anderen Bereich zu springen, könnte auch bedeuten, die ewige Projektmitarbeiterin zu sein, die wieder verabschiedet wird, wenn das Projekt abgeschlossen ist. „Ja, ich hatte früher Phasen in meinem Leben, da habe ich mit mir gehadert, weil ich mir nicht sicher war, wohin die Richtungswechsel schlussendlich führen würden. Wie kann das gutgehen?"

Es ist gut gegangen. Mara entwickelt im Futurelab der Ars Electronica ihren eigenen Forschungsbereich, die „Robopsychology". Sie leitet große R&D-Projekte für Unternehmen in Japan und die deutsche Fahrzeugindustrie. Dabei geht es um Interaktionsformen der Zukunft, zwischen Menschen, selbstfahrenden Autos und Drohnen. Daneben unterrichtet sie an verschiedenen Hochschulen.

An der Johannes Kepler Universität Linz denkt man zur gleichen Zeit über ein interdisziplinäres Linz Institute of Technology nach. Dafür sollen auch Expertinnen und Experten von außerhalb des akademischen Bereiches geholt werden. 2018 wird Martina Mara dort Professorin, da ist sie gerade 36 Jahre alt. Klingt toll, aber der Start ist trotz ihrer Erfolge beim Futurelab und anerkannter und publizierter Forschung nicht leicht. Sie ist jung, eine Frau, wenig akademischer Stallgeruch, kollaboriert mit Künstlerinnen und Science-Fiction-Autoren, baut Virtual-Reality-Spiele als Forschungsumgebungen. Dazu ein Fach, das niemand kennt und kaum jemand versteht. „Klar bin ich von manchen nicht ernstgenommen worden", erzählt sie, „und es hat mich viel Kraft und Ressourcen gekostet, das zu ändern. Gerade als interdisziplinär Forschende muss man oft Extrakilometer gehen, um sich in mehreren Communities Credibility zu erarbeiten. Dass ich mir neben der Psychologie auch in Technik, Design und Kommunikation Expertise aufgebaut habe, war dabei sehr hilfreich."

Es scheint, als sei Martina Mara an dem Ziel, das sie vor zehn Jahren noch nicht formuliert hatte, angekommen. Und so ergibt die Kombination ihrer Erfahrungen retrospektiv viel Sinn. „Was ich zeitweise für eine Schwäche gehalten habe, ist im Grunde eine Stärke. Im Rahmen meiner Professur leite ich nun Forschungsprojekte, in denen teils sieben verschiedene Disziplinen zusammenarbeiten. Das kann ich machen, weil ich über viele Jahre gelernt habe, in Brückenschlägen zu denken und verschiedene Fachsprachen zu verstehen."

Schwäche als Stärke

Die Kombination unterschiedlicher Perspektiven und Methoden betrachtet Mara mittlerweile überhaupt als Schlüsselfaktor der digitalen Transformation. Nur mit breitem Blick kann eine positive Technikzukunft, im Sinne von Mensch und Planet, gestaltet werden. Ein stärkerer Fokus auf Interdisziplinarität könnte außerdem eine Einflugschneise für mehr Frauen in der Technik sein. „Bei Studentinnen fällt mir oft auf, dass es ihnen um die Anwendung der Informatik für eine bestimmte Sache geht. Viele studieren nicht, um ihr Leben lang im Keller Code zu schreiben. Die studieren, weil sie ihre Informatikkenntnisse in der Medizin oder beim Klimaschutz anwenden wollen. Wenn man diesen interdisziplinären Gedanken, also das Wirken auf die Gesellschaft, stärker in technischen Studiengängen verankern würde, ließen sich heterogenere Zielgruppen – und wahrscheinlich auch mehr Frauen – begeistern."

Persönliches Fazit

Die Intensität mit der Martina Mara ihre Themen bearbeitet, ist sogar bei einem Lockdown-bedingten Videogespräch spürbar. Und auch die Kraft und Energie, die sie gebraucht hat, um dorthin zu kommen, wo sie ist. Die Ehrlichkeit, mit der sie darüber spricht, verdient Respekt. Bemerkenswert die Anregung, technische Studiengänge interdisziplinärer zu gestalten, weil das zu mehr Diversität beitragen kann.

</

Nina Schmidt

(Director HR Consulting Germany &
Western Europe Microsoft);

Steckbrief<<<Gesucht>>>
| HR-Managerin mit Technologieliebe

Nina Schmidt studierte an der Fachhochschule des
BFI in Wien Europäische Wirtschaft und Unternehmensführung und startete nach ihrem erfolgreichen Abschluss im HR-Bereich– anfänglich auf
Beraterseite und bald auf Unternehmensseite. Seit
13 Jahren verfolgt sie eine steile HR-Karriere
bei Microsoft, und führt ein Team, das in zwölf
Ländern zu Hause und für 15.000 Mitarbeiter zu-
ständig ist.

{Die Reise ist ein großer Teil des Ziels;

Die Wiedersehensfreude ist riesig – auch wenn unser
Treffen nur virtuell stattfindet. Viele Jahre habe ich
mit Nina Schmidt einst die Diversity-Themen bei Microsoft vorangetrieben. Sie war mein Partner in Crime.
„Wie lange bist du jetzt eigentlich schon bei Microsoft?", frage ich. Nina muss kurz nachrechnen. 13 Jahre sind's. Doch wie hat das alles angefangen? „Totaler
Zufall. Oder Schicksal", kommt prompt zur Antwort.
Nina Schmidt war in einem „Schulversuch": Das Ober-
stufenrealgynmasium bot neuerdings einen Informa-
tikschwerpunkt. Und gemeinsam mit ihren Klassen-
kameraden hat sie sich entschieden, den Versuch zu
wagen. „Ich habe allerdings ziemlich rasch gesehen,

Programmieren ist nicht meine Welt. Mich interessiert mehr, wie Unternehmen mit Technologie umgehen. Ich wollte die unternehmerische und nicht die technische Seite kennenlernen", erinnert sie sich an die Schulzeit. Was folgte war damit fast klar: BWL. „Der unternehmerische Geist hat mich fasziniert." Und parallel zur Ausbildung hat Nina Schmidt mit dem ersten Job gestartet, als Assistentin der Geschäftsführung bei einem Weiterbildungsinstitut. „Ich durfte erfahren wie relevant Weiterbildung, Teamentwicklung und Führungskompetenz sind", erzählt sie. Das Wissen konnte sie dann auch bei ihrem Internship bei der OMV einbringen. „Ich bin bis heute dankbar", erinnert sich Nina Schmidt, die erzählt, dass sie mit diesem Praktikum ins HR „hineingerutscht" ist. „Ich habe viel Verantwortung als Praktikantin bekommen. Das ist schon außergewöhnlich. Ich konnte den HR-Bereich in seiner Themenvielfalt kennenlernen und habe gesehen, wie das bei einem österreichischen Großkonzern funktioniert." Zu dieser Zeit hatte die junge Studentin Nina Schmidt auch ihre erste Begegnung mit Microsoft. Und nein, es war nicht Liebe auf den ersten Blick. „Wir hatten einen sehr spannenden, aber auch etwas abstrakten Praxisvortrag von Microsoft Österreich an der FH. Ich dachte nur: Wer arbeitet dort? Was machen die denn?", erzählt sie lächelnd.

Rückkehr zur IT

„Deine Microsoft-Karriere musste also noch warten", werfe ich ein. „Ja, nach der Ausbildung und der ersten Berufserfahrung wusste ich: Ich will im HR-Bereich bleiben", bekräftigt sie. So folgte sie dem Ruf in die Personalberatung – unterschiedliche Industrien kennenlernen, in verschiedenste Unternehmen hineinschnuppern. Aber Nina Schmidt war schnell klar: sie will zurück auf Unternehmensseite. Da ist ihr Zuhause. Und das Unternehmen war Samsung – zu einem Zeitpunkt als noch Nokia den Markt regierte und der Aufstieg zur Nummer eins im Marketshare erst langsam begann. „Die koreanische Kultur, die informellen Zusammenarbeitsregeln und das starke Wachstum – die ticken anders. Das war eine sehr spannende Zeit", erzählt sie. Und just zu dem Zeitpunkt erzählte ihr ein ehemaliger OMV-Kollege von einer Stelle bei Microsoft im HR. „‚Die haben eine tolle Stelle frei', meinte der Kollege. Meine Reaktion – beeinflusst von meinen Erinnerungen aus der FH: Ich weiß nicht." Aber sie hat sich überzeugen lassen, von der Firma, dem Umfeld, den Möglichkeiten. „Und so kehrte ich zur IT aus der Oberstufe zurück", sagt sie.

„Die Technologiebranche ist deine Branche, oder kannst du dir eine andere auch vorstellen?", frage ich sie. „It's the place to be", kommt prompt die Antwort. Aber dann: „Ja, ich könnte mir auch gut eine andere Branche vorstellen, denn Technologie und Digitalisierung findet überall statt", sagt sie und ich erkenne, sie ist genauso technologieverliebt wie ich.

Geprägt von Entwicklungen

Was macht es also aus, dass man 13 Jahre in einem Unternehmen ist und heute begeistert wie am ersten Tag. Nina beschreibt es als „Growth Mindset". „Das heißt lösungsorientiert denken, über den Tellerrand schauen, Lernbereitschaft mitbringen", beschreibt sie den

Begriff und führt weiter aus: „Die Branche, der Markt ist so aktiv. Es entwickelt sich so schnell etwas. Wir sind geprägt von Entwicklungen und Veränderungen." Als HR-Managerin weiß sie, dass es immerzu darum geht, die Kompetenzen und Skills weiterzuentwickeln. „Wie offen bin ich für das, was passiert? Was macht meine Branche? Was macht mein Unternehmen? Was macht der Markt? Was passiert international? – diese Fragen sind der Antrieb des Growth Mindset."

„Und das macht dir Spaß" – so hört es sich zumindest an, wenn man Nina zuhört, wenn sie über ihren Job erzählt. „Es gibt viele Möglichkeiten mitzugestalten. Hier kann man Pionier sein, Innovator, Dinge ausprobieren und auch Fehler machen. Fehler machen ist nicht angenehm, aber sie helfen unglaublich, persönlich zu wachsen – persönlich und beruflich", weiß sie. „Gibt der internationale Konzern nicht zu viel vor, bleibt da noch genug Spielraum?", drängt sich mir als nächste Frage auf. „Die Entwicklungen und Veränderungen gehen so schnell, das gibt wieder viel Spielraum. Das macht den Konzern manchmal zu einem KMU", sagt sie.

Die Jeanne d'Arcs von Microsoft

Pionierarbeit haben wir auch damals gemeinsam geleistet mit unseren Fraueninitiativen. „Leading in High Heels" war eines unserer Projekte. Wir haben viel probiert und es ist wenig schief gegangen, erinnere ich mich und Nina sich auch. „Wir waren vor zehn Jahren wie Jeanne d'Arcs." In einer Dekade ist viel passiert beim Thema Diversität. Damals ging es vielfach um die

Gleichberechtigung von Mann und Frau. „Heute ist Diversität und Inklusion so mannigfaltig. Das kann zum Beispiel auch jemand sein, der aus dem Industrieumfeld ins Tech-Unternehmen kommt", betont die HR-Managerin. Jetzt will ich von ihr wissen: „Was hältst du von diesen 50:50-Zielen?" Viel. „Ich habe gelernt, dass mit konkreten Zielen, die Veränderung schneller stattfindet. Unternehmen lassen sich aber auch dafür Zeit. Das ist gut. Denn die Reise ist ein großer Teil des Ziels," betont sie mit viel Überzeugung. „Das ist schön", finde ich. Sehr schön.

„Was hältst du von den Mädchen- oder Töchtertagen, damit sie in (Tech-)Unternehmen hineinschnuppern können. Braucht es einen eigenen Tag dafür?" „Es wäre schön, wenn dies kein Thema mehr wäre, daher sollte es sowohl für Buben als auch Mädchen zugänglich sein. Die klassischen Berufsbilder schwingen jedoch noch immer mit. Mädchen interessieren sich prozentuell weniger für Technologie als Burschen. Wäre ich nicht in diesen Schulversuch gekommen, hätte ich mich nicht damit auseinandergesetzt", erläutert die smarte HR-Managerin, die sich als nur eine von vier Mädchen damals für den „Schulversuch" Informatik interessiert hatte. Für Nina Schmidt ist es klar, dass Technologie künftig ganzheitlich für die Zukunft und für eine Vielzahl von Berufsbildern relevant sein wird.

„Dann sag mir, liebe Nina, wie schaffen wir es, Frauen für IT zu begeistern?" – „Das beginnt bei der Bildung. Wir müssen Berufsbilder besser erklären, nahbarer machen. Dazu braucht es Initiativen, um Mädchen zu erklären, was es für Möglichkeiten da draußen gibt. Und es braucht Role Models. Wir müssen die erfolgreichen Jobs herzeigen, Vereinbarkeit von Beruf und Privatleben aufzeigen", erläutert sie. Und an kreativen Ansätzen mangelt es nicht:

Zwei Frauen teilen sich einen Führungskräftejob, Erziehung als Elternthema etablieren, ortsunabhängiges Arbeiten umsetzen. „Wenn mir nicht Wien und Umgebung, sondern das ganze Bundesgebiet oder die Welt zur Verfügung steht, habe ich einen großen Talentpool gewonnen."

Was braucht das Team?

Nun eine vielleicht provokante Frage von mir: „Wenn du zwei gleich qualifizierte Bewerber hast, entscheidest du dich für die Frau?" – „Ich entscheide mich für den Kandidaten, der am besten in das Team passt. Wen braucht das Team? Das ist die Basis für die Entscheidung", ist ihre kluge Antwort.

Welchen Beitrag können Eltern leisten, ein Thema, das mich selbst als Mutter intensiv beschäftigt? „Sie können selbst Role Models sein", sagt Nina. „Dann kommt hinzu, wie sie mit Digitalisierung umgehen und es gibt die Möglichkeit eine Schule auszuwählen, die Technologie und Digitalisierung fördert. Eine Schule, die die Digitalisierung spielerisch in der Ausbildung verankert."

„Und was ist dein Motor in deinem Job, in deiner Karriere?", will ich jetzt noch abschließend wissen. „Unternehmen und Menschen unterstützen, das volle Potenzial zu entfalten, Veränderung und Entwicklung voranzutreiben – vor allem wenn alle sagen, das geht nicht – es möglich zu machen." Punkt.

Persönliches Fazit

Inklusion und Gleichberechtigung als Reise zu sehen, und diese Reise als Teil des Ziels wahrzunehmen, ist ein toller Gedanke, der vor allem der Druck herausnimmt und dennoch klar das Ziel aufzeigt. Und genau diese Ziele lassen sich besser erreichen, wenn sie klar formuliert sind — quasi in Stein gemeißelt werden.

</

Francine Beleyi

(Digitalstrategin für Personal & Business Branding, Buchautorin „Personal Branding in the Digitale Age");

Steckbrief<<<Gesucht>>>
| Give me power!

Francine Beleyi, Berufsbezeichnung: Multitalent.
Sie wuchs in der afrikanischen Republik Togo auf,
studierte Informatik und begann in der IT-Abteilung von großen Unternehmen zu arbeiten. In Europa
setzte sie ihre Karriere im Finanz- und Rechnungs-
wesen sowie im Projekt- und Änderungsmanagement
fort, bevor sie in die Bereiche Journalismus und
Marketing wechselte. Sie spezialisierte sich auf
Personal Branding und digitale Strategien. Im Jahr
2007 veröffentlichte sie das Buch „Personal Branding in the Digital Age: How to Become a Known Expert, Thrive and Make a Difference in a Connected
World". Francine Beleyi lebt in London.

{Die Kraft der ersten Reihe und eine 92-jährige Schülerin;

Dieses Gespräch hat meine Bilderwelt verändert.
Höre ich jetzt jemanden von einem „prallen Leben"
und „Empowerment" reden, taucht automatisch bei
mir das Gesicht von Francine Beleyi auf, dunkelhäu-
tig und strahlend. Ich bin ohnehin eher zuversicht-
lich und positiv eingestellt, aber nach einer Stunde
mit Francine scheint alles möglich, als ließe sich die
Welt mit einem Finger aus den Angeln heben.

Sie ist nicht nur eine international anerkannte Expertin für Personal Branding, Buchautorin und gefragte Speakerin, sondern auch eine Ikone für Frauen eines ganzen Kontinents. Denn ihre Lebensgeschichte hat hunderten, wenn nicht tausenden jungen Afrikanerinnen Mut und Zuversicht, ach was, Power gegeben, um ihr Leben in die Hand zu nehmen.

Beleyi wird in Paris geboren, als sie vier Jahre alt ist, übersiedelt die Familie nach Togo. Sie ist das fünfte von acht Kindern. Weil sie nur das offizielle Französisch, nicht aber die Nationalsprache spricht, wird sie in der Schule gemobbt. Nicht gerade der ideale Ausgangspunkt für eine internationale Karriere. Aber sie lernt etwas, woran es manchen Menschen – und speziell vielen Frauen – mangelt: Durchsetzungsfähigkeit und eine gewisse Härte. Eine Härte auch sich selber gegenüber, um durchzuhalten, Zweifel zu unterbinden und sich nicht zu erlauben, aufzugeben. Und sie hat ein Vorbild: Ihre Mutter. „Sie war diejenige, die die Familie gemanagt hat", erinnert sich Francine, „eine starke Frau, die die männliche Dominanz einfach nicht akzeptiert hat."

Ab nach hinten!

Weil sie für ihr Alter sehr groß ist, muss sie in der Schulklasse stets hinten sitzen, damit die kleineren Schüler etwas sehen. Mit zehn Jahren beschließt sie, sich das nicht mehr gefallen zu lassen und setzt sich konsequent in die erste Reihe. Das behält sie auch während des Studiums bei.

Sie startet eine medizinische Ausbildung, wechselt aber bald zur IT. Eigentlich merkwürdig, vom

Menschen zur Maschine zu wechseln, oder? „Überhaupt nicht", antwortet Francine Beleyi, „bei beiden geht es doch darum, Zusammenhänge zu entschlüsseln, zu verstehen und Lösungen zu finden. Das Grundinteresse ist gleich."

Nach dem Abschluss beginnt sie in einer großen Organisation Führungskräfte auszubilden. Ihr Job besteht in erster Linie darin, das Management zu schulen, mit den neuen Geräten umzugehen und deren Möglichkeiten zu erkennen sowie Ängste abzubauen. Ängste, vom Computer ersetzt zu werden; Ängste, mit der neuen, modernen Zeit und deren Entwicklungen nicht mithalten zu können – durchaus ein Vorgriff auf Francines spätere Karriere.

Die Laufbahn nimmt Fahrt auf, sie wechselt als *Head of Information Systems* zum Ölkonzern Total. Der fusioniert wenig später mit dem Konkurrenten Elf – was auch eine Fusion beider IT-Systeme bedeutet. Francine Beleyi ist dafür gerade am richtigen Platz. Allerdings kein Platz in der Komfortzone. Francine ist gerade Mitte zwanzig, halb so alt wie ihr Vorgänger. Aber sie hat ja ihre Mutter als Vorbild: Stark und männliche Dominanz nicht akzeptierend. „Wenn diese Männer mir gegenübergestanden sind, haben sie schnell bemerkt, dass ich eine Frau bin, die kämpfen kann. Das ist meine Persönlichkeit."

Schutzwall, hoch und hart

Nach Abschluss der Fusion verlässt sie ihren erfolgreichen Job und geht nach Paris, um neue Karrierechancen zu nutzen. Aber immer kämpfen zu müssen, das klingt anstrengend. „Ist das wirklich notwendig,

um in einer solchen Industrie überleben zu können?",
möchte ich von Francine wissen. Ihre klare Antwort:
„Ja, denn die Leute in dieser von Männern dominierten Branche haben mich nicht ernst genommen und
dachten, ich sei nur eine Sekretärin oder ein Model.
Und dann muss man gerade als junge Frau zeigen,
dass man diesen Job nicht zufällig hat, sondern genau
weiß, wovon man redet." An dieser Stelle fällt in diesem Gespräch zum ersten Mal das Wort „überleben".
Nicht in der Wildnis, sondern in einem Unternehmen.
„Ich musste mich schützen gegen diese herablassende
Behandlung", erzählt Francine Beleyi, „deshalb habe
ich einen Schutzwall um meine Person gebaut, der höher und härter war, als ich es gerne gehabt hätte. Das
war notwendig, um zu überleben."

Ich muss Francine unterbrechen. So stark zu sein,
so kämpferisch zu sein, ist das eine Frage des Cha-
rakters oder kann man das lernen? „Ich habe das gelernt durch meine familiäre Situation. Bei so vielen Ge-
schwistern muss man sich seinen Platz in der Familie
erkämpfen, so etwas prägt."

Anschauen und abschauen

Und wenn man ein Einzelkind ist oder eine sehr unterstützende Familie hat, wie lernt man dann das kämpfen? Die wenigsten haben sieben Geschwister. Zum
ersten Mal in unserem Gespräch zögert Francine Beleyi mit der Antwort. „Ich habe auch viele Dinge nicht
gewusst und dann geschaut, wer hat das schon gemacht und wie hat er es gemacht. Davon habe ich gelernt." Auch für Beleyi sind Role Models wichtig.

Sie hat mehrmals das Land und die Sprache gewechselt, immer wieder neu angefangen. Braucht man dafür Mut? „Man darf keine Angst vor Fehlern haben", antwortet sie. „Ich habe mich vor einem neuen Schritt immer gefragt: Was ist das Schlimmste, das passieren kann? Jemand sagt vielleicht Nein, ein Projekt gelingt nicht. Na und?"

Die Digitalisierung sieht sie durchaus als Chance, gerade auch für Frauen. „Die Voraussetzung ist, man hat die notwendigen Skills, um diese Möglichkeiten zu nutzen. Und da sehe ich ziemliche Defizite." Deshalb unterstützt sie aktiv Programme, die Frauen in Afrika digitale Kompetenzen vermitteln. Sie sei geschockt gewesen über eine Studie, die besagt, dass in Großbritannien – wo Francine Beleyi lebt – elf Millionen Menschen nicht über digitale Basiskompetenzen verfügen. „Können Sie sich das vorstellen, in einem entwickelten Industrieland?"

Doch weil Beleyi leidenschaftlich gerne lacht und immer das Positive sucht, erzählt sie uns auch von einem Anfänger-Computerkurs für Erwachsene, den sie selbst in einer Londoner Bibliothek gegeben hat. „Was glauben Sie, wie alt der älteste Teilnehmer war? Das war eine Frau mit 92 Jahren!" Herzhaftes Lachen. Natürlich hat sie gefragt, warum die Frau in ihrem Alter noch so einen Kurs belegt. Die Antwort: „Alle meine Freunde spielen Bridge online, und das möchte ich auch können."

Selbstvertrauen und Sichtbarkeit

Aber Francine Beleyi wäre nicht Francine Beleyi, wenn sie es bei Anekdoten belassen würde. Sie sitzt im Vorstand eines Netzwerkes, das junge Frauen dabei unterstützt, in Führungspositionen zu kommen. Die Hauptaufgaben? „Das Selbstvertrauen dieser jungen Frauen zu stärken und ihre Sichtbarkeit zu erhöhen." Eine andere Aktivität von ihr ist die Pflege eines Netzwerkes afrikanischer Frauen, die in Europa arbeiten. Auch dabei geht es um Sichtbarkeit und ihre Vorbildwirkung. „Wenn man nicht sieht, was möglich ist, kommt man nicht auf die Idee, das anzustreben", betont Beleyi, deshalb sind Role Models so wichtig."

Der Schlüssel, warum so wenige Frauen in Führungspositionen gelangen, gerade in der IT- und Technik-Branche, liegt für Francine in der Familie. Dort findet die Rollenprägung statt. Ihre Konsequenz: „Ich schenke meinen Nichten und Neffen nur genderneutrales Spielzeug."

Was sind jetzt ihre konkreten Tipps für junge Menschen? Francine Beleyi muss nicht lange überlegen: „Sei neugierig! Das ist auch der rote Faden, der sich durch mein Leben zieht. Auch, wenn es manchmal keine Lösung, keinen Ausweg zu geben scheint, es gibt immer einen. Man muss nur neugierig und offen sein, dann findet man ihn. Und der zweite wichtige Tipp: Umgib dich mit den richtigen Menschen. Das ist der Schlüssel." Und wer sind die richtigen Menschen? „Solche, die dich auf deinem Weg unterstützen. Die mit dir gehen oder dich ermutigen. Ich habe immer versucht, mich mit Menschen zu umgeben, die mich zur nächsten Stufe bringen können."

Persönliches Fazit

Francine Beleyi ist absolut inspirierend, mit-
reißend und hat eine wundervolle Art. Das lässt
die Geschichte dahinter manchmal vergessen:
Sie ist durch eine absolut harte Lebensschu-
le gegangen. Was ich mir merken werde: Wege mit
Hindernissen zu mögen. Denn der einfache Weg ist
langweilig!

</

Elena Skvortsova

(Vorständin für Marketing und Trading OMV);

Steckbrief<<<Gesucht>>>
| Eine Frau für die Transformation der
| very old industry

Elena Skvortsova, 51, ist seit Juni 2020 im
Vorstand der OMV als *Executive Officer* für den
Geschäftsbereich Marketing & Trading verantwortlich. Sie begann nach Studien an der Moscow
Linguistics University und an der Thunderbird
School of International Management in den USA
ihre berufliche Laufbahn 1994 bei der Bayer AG
als *International Management Trainee*; zuletzt war
sie dort als *Associate Director* der Bayer Cor-
poration (Healthcare) tätig. Ab 2001 hatte Elena
Skvortsova bei Baxter International verschiedene
Führungspositionen in den USA, Zentral- und Osteuropa sowie in Großbritannien inne. 2015 wechselte sie zu Linde AG und war zunächst für die
Geschäftsleitung der Region Mittlerer Osten und
Osteuropa verantwortlich. Von März 2019 bis April
2020 leitete sie die Linde-Tochter Praxair Canada
Inc. Als Lektüre zum Thema Frauen in Top-Positio-
nen empfiehlt sie das Buch der Facebook-Topmana-
gerin Sheryl Sandberg: „Lean in: Woman, Work, and
the Will to Lead".

{Sprachlos,
unerschrocken und
immer besser als
die anderen;

1 2 1 0 1 0 1 0 1 0 1 0 1 0 1 0 1 0 1 0 1 0 1 0 1 0 1 0 1 0 1 0 1 0 1 0 1

Russin. Die Eltern beide Lehrer. Als Kind in die USA gekommen, ohne ein Wort Englisch zu können. Drei Jahre in den USA mit den Eltern verbracht, als diese dort in der Botschaftsschule unterrichteten. Später auch nach Deutschland zu Bayer, ohne ein Wort Deutsch zu sprechen. Alles zusammen nicht gerade ein ideales Sprungbrett für eine große internationale Karriere. Und trotzdem sitzt Elena Skvortsova seit Sommer 2020 im Vorstand der OMV. Fast überflüssig zu erwähnen: als einzige Frau unter Männern.

Bei der OMV ist Skvortsova für den Geschäftsbereich Marketing und Trading verantwortlich und setzt dabei stark auf Digitalisierung und Transformation. Keine leichte Aufgabe. Das Kerngeschäft des Unternehmens ist so physisch wie kaum ein anderes Produkt. Autos kann man wenigstens digital konfigurieren, mit einer virtuellen Brille auch bei deren Produktion „live" dabei sein. Aber Öl kommt nun einmal nicht durchs Internet aus dem Boden, kommt nicht über eine App bis in den Tank von Fahrzeugen, so sehr man sich auch bemühen mag. Zumal die Ölbranche eine der letzten echten Männerdomänen ist. Unausgesprochen sind die Helden der Branche immer noch harte Männer, die dem Boden quasi mit den eigenen Händen den kostbaren Rohstoff abringen.

Bei unserem Treffen beim Heurigen „Unser Weidlinger" in der Nähe von Wien, dem ehemaligen Heurigen Niersecher, kommt sie weder ölverschmiert noch polternd daher. Sieht so der Kulturwandel aus, für den sie auch geholt worden ist?

Elena Skvortsova spricht leise, unaufgeregt, auf Deutsch. Man spürt, dass sie ebenso gerne zuhören würde. Selten für jemand in so einer Position, in der man eher auf Senden gepolt wird. „Es haben sich mir immer wieder interessante Chancen geboten", sagt die OMV-Vorständin über ihre Karriere. Doch das ist nur die eine Hälfte der Wahrheit. Die andere lautet: Sie hat diese Chancen genutzt, nicht nur voller Neugier, sondern geradezu unerschrocken.

Skvortsova studiert in Moskau Linguistik und Fremdsprachen. Schon das ist eine Herausforderung, denn gerade einmal zehn Prozent der Studienplätze gehen an Frauen. Die Russen kalkulieren radikal volkswirtschaftlich: Studentinnen gelten als unzuverlässig, sie heiraten, bekommen Kinder, bleiben Zuhause – schade um die hohen Investitionen in deren Ausbildung, volkswirtschaftlich sind sie vergeudet. Also lieber gleich Männer bevorzugen. Die junge Elena Skvortsova erlebt so unbewusst die erste „Lektion", die viele Frauen mit auf den Weg bekommen: „Die Männer können das sicher besser. Du musst beweisen, dass du das auch kannst, und dich doppelt anstrengen." Bei den Prüfungen gehört sie stets zu den Besten und macht die Erfahrung, „dass die, die ich für die Besseren gehalten habe, bei mir abgeschrieben haben".

USA oder Abschluss

Vor dem letzten Jahr des Studiums erhält sie die Möglichkeit, für ein Austauschjahr in die USA zu gehen. Nur ist ihre Universität nicht an diesem speziellen Programm beteiligt. Das bedeutet: Wenn sie die US-Option nutzt, wird sie exmatrikuliert, ohne Abschluss. Sie geht trotzdem. Da ist sie gerade 20 Jahre alt. Wenige

Monate später löst sich ihr Land, die UdSSR, auf. Sie hat zwar noch einen Pass, aber keinen Staat, der dem Namen entspricht. Im Fernsehen die Bilder von Panzern in den Straßen – „Das war schon sehr beängstigend."

Ihr erstes Jobangebot ist eine Stelle als internationaler Trainee bei Bayer, der erste Teil davon führt sie als Pharmareferentin nach Deutschland, obwohl sie die Sprache nicht spricht. Sie unterschreibt trotzdem – schließlich kann man's lernen ... Ein wenig hängt diese Unerschrockenheit auch mit ihrer Herkunft zusammen. In Osteuropa kommen in diesen Jahren Chancen eher selten vorbei, da darf man nicht zu lange überlegen und abwägen. „Das Leben hat mir so viele Chancen gegeben, da konnte ich mich nicht verstecken, sondern musste zugreifen", sagt sie. Männer beschreiben ihre Karriereverläufe meistens anders.

Doch auch diese Frauenkarriere braucht mehrere mutige Förderer. Nach 22 Jahren in der Gesundheitsbranche, wo sie sich nach und nach als Managerin und Führerin bewiesen hat, kommt ein Angebot, die Branche zu wechseln. Wolfgang Büchele, CEO des deutschen Industriegas-Herstellers Linde AG, will dem traditionsreichen Technologieunternehmen, auch fest in Männerhand, eine moderne kunden- und verkaufsorientierte Kultur verpassen. Und holt dafür gezielt Frauen aus Branchen, die zu den Linde-Kunden gehören. Dazu gehört auch Elena Skvortsova. Sie wird Regionalleiterin für Osteuropa und den Mittleren Osten, 18 Länder von Russland bis Saudi-Arabien, selbst ein bisschen erstaunt, „dass man mir das zutraut". Auch das würde ein Mann kaum so formulieren.

5 unter 200

Eine Szene aus der Anfangszeit bei Linde ist ihr unvergessen: Town-Hall-Meeting mit dem CEO. Kritische Frage an Wolfgang Büchele: „Warum bevorzugen Sie auffällig Frauen? Und auch noch welche, die nicht aus dem Unternehmen sind?" Unter den rund 200 Teilnehmern des Meetings sind gerade einmal fünf weiblich. Das sorgt schon für Unruhe bei den Männern.

Was Elena Skvortsova in ihrer Karriere lernt, formuliert sie so: „Man muss den Menschen, gerade auch den Frauen, Hürden wegnehmen, damit sie auf dem gleichen Track laufen können. Allerdings bin ich niemand, der Frauen gezielt bevorzugt. Es geht als Führungskraft darum, Talente zu fördern – egal, ob Frau oder Mann."

Auf die Mitarbeitenden zugehen, Teams bilden, nicht alles besser wissen müssen – sind das typische Führungsqualitäten von Frauen? Die von Elena Skvortsova sind es jedenfalls. Und das mit viel Verständnis für andere, ohne aber das Ziel aus den Augen zu verlieren. „Am Ende geht es immer darum, Ergebnisse zu liefern", betont sie unmissverständlich. Aber dafür braucht es Diversität. „Nicht nur Männer tanken", sagt sie, „die Kunden sind vielfältig, und das muss sich auch im Management widerspiegeln." Headhunter, die ihr für eine zu besetzende Position nur eine Liste mit Männern vorlegen, werden von ihr zurück an den Start geschickt.

Sie hat in vielen Ländern gelebt, spricht mehrere Sprachen, hat sich immer wieder flexibel in neuen Situationen zurechtgefunden. Und sie hat sich in männerdominierten Branchen durchgesetzt und

Karriere gemacht. Das alles zusammen hat sie in die Führungsetage der OMV gebracht.

Immer alles neu – das zieht sich wie ein Leitfaden durch ihr Leben. Und jetzt also die Digitalisierung und Transformation der OMV. „Das Unternehmen steht vor einer riesigen Transformation. Wir müssen die CO_2-Emissionen senken, und dabei profitabel bleiben und Wert für unsere Aktionäre schaffen", beschreibt sie die Herausforderung. Einerseits geht es darum, Prozesse zu automatisieren. Andererseits „stärker in die Schuhe der Konsumenten zu schlüpfen und ihre Bedürfnisse zu antizipieren", so Elena Skvortsova.

Verhasste Quote

Muss ein Unternehmen wie die OMV dafür weiblicher auf Führungsetagen werden, vielleicht sogar über Quoten? „Ich hasse Quoten", sagt Elena Skvortsova. Ihre Strategie lautet: Frauen mehr Selbstbewusstsein vermitteln. „Ich habe immer wieder beobachtet, dass sich Frauen, wenn sie in einen leeren Konferenzraum kommen, wie selbstverständlich in die zweite Reihe setzen und nicht an den Tisch. Das muss aufhören." Was ihr selbst auf dem Weg zu mehr Selbstbewusstsein geholfen hat: nicht zu lange überlegen, was an einem neuen Job nicht passen könnte, sondern sich lieber überlegen, warum er passt und was frau ohnehin schon kann, um ihn gut zu machen.

Wichtig auch die Erkenntnis: „Nicht jeder Schritt in eine Karriere muss unglaublich bedeutend sein oder immer nach oben führen. Dann war es einfach nur der nächste Schritt, und nichts weiter. Und wenn es nicht passt, heißt es nicht: Ich bin schlecht. Sondern: Es passt einfach nicht so gut.

Bei Elena Skvortsova hat das gewirkt: „Ich habe kein Ego, dem es unter seiner Würde ist, zuzupacken und einen positiven Beitrag zu leisten." Das sagt sie leise und mit einem Lächeln. Und ganz unaufdringlich.

Persönliches Fazit

Ich habe selten jemand getroffen, dessen Karriere von so vielen Hindernissen und Widrigkeiten bestimmt war. Und kaum jemand, der trotz dieser Umstände so unerschrocken an neue Aufgaben herangegangen ist — und diese gemeistert hat. So entsteht Selbstvertrauen; eine Eigenschaft, ohne die keine Karriere möglich ist. Schon gar keine weibliche.

</

Martina Lindorfer

(Assistenzprofessorin an der TU Wien,
Hedy Lamarr-Preisträgerin);

Steckbrief<<<Gesucht>>>
| Akribische Datenschützerin

Martina Lindorfer ist Assistenzprofessorin an
der Technischen Universität Wien mit Forschungsschwerpunkt Sicherheit und Datenschutz. Sie hat
an der FH Hagenberg Computer- und Mediensicherheit studiert, anschließend Software Engineering
und Internet Computing an der TU Wien, wo sie
auch über Schadsoftware und Datensicherheit pro-
movierte. Nach ihrer Promotion wird sie Postdoc
in der Computer Security Group (SecLab) an der
University of California, Santa Barbara. 2018
kehrt sie als Assistenzprofessorin an die TU Wien
zurück. Sie wird mit dem *Cor Baayen Young Resear-
cher Award* des Europäischen Forschungskonsortium
für Informatik und Mathematik (ERCIM) ausgezeichnet und erhält 2019 den renommierten Hedy Lamarr
Preis der Stadt Wien für ihre außergewöhnlichen
Forschungsleistungen auf dem Gebiet der Informationstechnologie.

{Karriere dank Computerabsturz;

Begeisterung zu vermitteln ist in einer Welt der tausenden Optionen kein leichtes Unterfangen. Martina Lindorfer will es trotzdem. Und sie will es sachlich, ohne
dafür auf dem Tisch tanzen oder irgendeine andere Art
von Show abziehen zu müssen. Denn das ist sie so gar
nicht, ein Showgirl. „Ich gehe an Schulen, als Mentorin. Das ist immer ein schönes Gefühl, zu wissen, okay,
man hat jungen Menschen heute Input gegeben, sich

für Technik zu interessieren. Denn oft sind es Kleinigkeiten, die Schülerinnen und Schüler von der Technik abhalten. Und die meisten haben halt überhaupt keinen Plan, was es für Berufe und Möglichkeiten gibt."

Kein Zweifel, Technik und speziell Informationstechnologie ist ihre Mission, über sich selber redet Martina Lindorfer nicht so gerne. Es ist eine überaus erfolgreiche Mission: Sie hat an der Fachhochschule Hagenberg Computer- und Mediensicherheit studiert und an der TU Wien zum Thema Computersicherheit und Datenschutz promoviert („Malware Through the Looking Glass: Malware Analysis in an Evolving Threat Landscape", so der Titel). Und das nicht irgendwie, sondern *sub auspiciis*, also mit der höchstmöglichen Auszeichnung für eine Studienleistung und vom Bundespräsidenten ausgezeichnet. Sie arbeitet als Assistenzprofessorin an der TU Wien und wurde 2019 von der Stadt Wien mit dem Hedy Lamarr Preis für „besondere Leistungen im Bereich moderne Informationstechnologien" geehrt. Vor den Vorhang geholt wurde damit ihre Forschung zur automatisierten Erkennung und Abwehr von Schadprogrammen auf mobilen Geräten, deren Ergebnisse sie öffentlich zur Verfügung stellte. Puh, das klingt schon ein bisschen einschüchternd.

Die gerade Linie täuscht
Wie geht man so ein Gespräch an? Meine vorsichtige Einstiegsfrage: „Was ist Ihr Background, wo kommen Sie her?" Martina Lindorfer muss schmunzeln. „Ich war gerade gestern bei einer Panel Diskussion, und da bin ich damit vorgestellt worden, dass mein Lebenslauf so geradlinig ist. Das stimmt schon, ich war

immer auf der Uni. Aber diese Geradlinigkeit auf dem Papier heißt umgekehrt nicht, dass ich immer genau gewusst habe, was ich will und wohin es geht. Das sieht nur immer im Nachhinein so aus. Tatsächlich haben viele Kleinigkeiten und Zufälle meinen Weg gelenkt." Dazu gehören auch Misserfolge. Einen angestrebten Praktikumsplatz bei Google bekommt sie nicht, weil sie den Interviewprozess nicht besteht.

In die Wiege gelegt ist ihr die wissenschaftliche Karriere nicht; sie ist die erste Akademikerin in der Familie. Die Eltern sind stolz, ihr Motto für die Tochter lautet: Du kannst alles machen, was Du willst, solange es ein Job mit Zukunftsaussichten ist und sich Geld verdienen lässt. Klingt jetzt eher nach klassischen Studiengängen wie Jus oder Betriebswirtschaft. Auf der Handelsakademie bekommt sie erstmals einen Computer in die Hände. Der Zugang ist eher pragmatisch: Geschäftsbriefe verfassen und lernen, mit zehn Fingern zu schreiben. Ihr gefällt das. „Sprachen waren nie so meines, ich war eher Mathematikerin. Und die Schule war praktisch um die Ecke, also gut zu erreichen." Auch so unaufgeregt können aufregende Karrieren beginnen.

Bin ich zu blöd?

Aber es kommt noch besser. Der Schulcomputer zählt nicht zu den besten und neuesten Geräten. Häufige Abstürze sind die Folge. Allgemeine Fehleinschätzung: Du bist zu blöd und kannst das Gerät nicht richtig bedienen. Hört sich nebensächlich an, ist aber eine Initialzündung. „Und da ist dann meine Sturheit durchgekommen", erzählt Martina Lindorfer. „Ich wollte unbedingt wissen, wo der Fehler ist und warum das nicht funktioniert." Die Lehrer sind bei der Fehlersuche keine große Unterstützung. Die Reaktion der jungen Schülerin: „Jetzt erst recht!" Der Ehrgeiz, bis dahin eher auf das erfolgreiche Spielen des Super-Nintendo fokussiert, ist geweckt und wird umgelenkt auf die Frage, warum der verdammte Computer immer abstürzt.

Sie erzählt das alles schnell, lieber kurz als lang, ohne große Ausschmückungen. Bloß kein großes Aufheben machen, alles keine große Sache – diese Einstellung wird in jedem ihrer Sätze deutlich, zieht sich durch das gesamte Gespräch.

Eine gewisse Technikaffinität ist vorhanden, der Super-Nintendo eines ihrer Lieblingsspiele. Eigentlich tendiert sie zum Studium der Medientechnik. Als sie beim Tag der offenen Tür an der FH Hagenberg aber einen Vortrag über Security hört, fallen die Würfel. „Ich fand das total spannend. Man kann selber hacken lernen, es hat mit Kryptografie und Mathematik zu tun."

Unter 36 Studierenden sind acht Frauen, vier bleiben davon am Ende übrig. Aber warum ist das so? „Ich habe eigentlich nie schlechte Erfahrungen als Frau beim Studium gemacht", erinnert sich Martina Lindorfer. „Ja, ab und zu mal Witze und Bemerkungen, wo man sich denkt, das muss jetzt nicht sein." Aber über die Jahre sammelt sich auch bei ihr ein gewisser Frust an. „Warum bin ich im beruflichen Kontext meistens die einzige Frau? Und dass wir als Frauen in der Technik nicht ganz ernstgenommen werden und uns Männer die Welt erklären, das haben wir wohl alle erlebt." Immerhin: Ihre Stelle an der Uni ist speziell für Frauen ausgeschrieben – und beweist eindrucksvoll den Erfolg solcher Maßnahmen. Die Stelle ist keine einsame Palme in der Wüste. Rund ein Drittel der Professoren im Fachbereich Informatik an der TU Wien sind weiblich.

Anonyme Akademikerinnen

Langsam entwickelte sich über die Jahre auch ein eigenes Netzwerk an Technik-Frauen. Netzwerk? „Wir nennen das die ‚Selbsthilfegruppe Anonyme Akademikerinnen'", sagt sie lachend. Das ist ironisch gemeint, verschleiert aber nur mühsam den bitteren Kern: Außenseiterdasein und mangelnde Sichtbarkeit. Das Schicksal von Frauen in der Technik? Brechen deshalb so viele ab? „Ich kann es nicht genau sagen", antwortet Lindorfer. „Was mich antreibt, ist die Neugier, wie Geräte funktionieren. Ich kann mir nicht vorstellen, mit Geräten zu arbeiten und nicht zu wissen, wie die wirklich funktionieren. Das motiviert mich total. Hinzu kommt die Freiheit, wenn man ein bisschen technisches Verständnis hat, in allen möglichen Richtungen zu arbeiten. Das Schlimmste für mich wäre, nach Schema F immer das Gleiche machen zu müssen."

Was ich fragen muss: Haben die Frauen in der „Selbsthilfegruppe" etwas gemeinsam oder sind sie halt nur zufällig Technikerinnen? „Es klingt klischeehaft, aber ist wohl so: Frauen beschäftigen sich mehr mit sozialen Themen, haben stärker die Motivation, etwas Gutes für die Welt zu tun und nicht nur auf sich selbst zu schauen." Ein Satz, der ihr sehr gut gefällt, lautet: Mit Informatik kann man seine eigenen Werte umsetzen. „Und das finde ich total schön. Wem etwa Nachhaltigkeit wichtig ist, der kann eben eine entsprechende App programmieren, die dieser Sache nutzt."

Ihre großen Anliegen sind die Sicherheit von Computern und Smartphones, und das Thema Transparenz beim Sammeln von Daten: Wer hat welche Daten von mir, wie geschützt ist die Privatsphäre? Dieser Schwerpunkt ist kein Zufall, sondern bestätigt, was sich in vielen unserer Interviews zeigt: Frauen suchen sich in der Technik häufig Bereiche, die auch einen sozialen Impact haben.

Smarte Glühbirnen

Eine Frage ist natürlich aufgelegt: Wie schützt sich die Expertin für Datensicherheit selber? „Ein schwieriges Thema", antwortet Martina Lindorfer nach einem kurzen Zögern, „denn fast immer geht es um den Konflikt von *Convenience versus Security*. Ich habe smarte Glühbirnen und auch meinen Home Assistent sehr gerne, vor allem um über Sprache das Licht an- und abzudrehen." Schön zu hören und entlastend, dass auch Top-Experten Getriebene sind: "Um WhatsApp oder Signal kommt man einfach nicht herum, ich würde sonst viele Kontakte verlieren", gibt Lindorfer zu. „Ich habe auch im Vorzimmer eine Webcam als Einbruchsschutz, aber ins Wohnzimmer würde ich mir die nicht hängen."

Was ihr größere Sorgen bereitet ist die Monopolstellung der Internetgiganten. „Nur einige wenige Firmen haben sehr viele Daten über uns, darüber mache ich mir schon Gedanken." Entdeckt sie gröbere Verstöße gegen den Datenschutz, meldet sie das bei den Googles und Apples, die das in ihre Private Policy einbauen. Aber wie sie das erzählt, klingt das auch ein bisschen resigniert. „Ich hoffe, dass wir da in Zukunft mit Datenschützern noch mehr Druck machen können." Aber das eigentliche Problem ist noch ein anderes: „Unsere gesamte Internet- und Cloud-Infrastruktur ist von einigen wenigen Monopolen abhängig, das ist schon beunruhigend."

Und ihre persönliche Perspektive, jenseits dieses Windmühlenkampfes gegen die mächtigsten Unternehmen der Welt? „Ich betreue vier PhD-Studenten, zwei davon weiblich. Und es ist einfach schön, diese vier Jahre lang zu begleiten und zu fördern, ihnen zu helfen, den eigenen Forschungsweg zu finden. Ein schönes Gefühl." Was sich sonst noch dazu sagen lässt, trägt sie auf der Brust: „Girls just wanna have fun*ding for scientific research*" lautet die Aufschrift auf ihrem Lieblings-T-Shirt.

Persönliches Fazit

Für jemanden, dessen Doktorarbeit mit den höchstmöglichen Ehren ausgezeichnet wurde und die den Hedy Lamarr Preis bekommen hat, ist Martina Lindorfer absolut unprätentiös. Das ist ausgesprochen sympathisch, aber auch ein Problem in Bezug auf die Sichtbarkeit von Frauen in der Forschung. Ein bisschen mehr Trommeln darf schon sein, als Ermutigung für andere. Ihr persönliches Erfolgsrezept: Neugierde und Sturheit.

</
Maria Zesch

(CEO TAKKT AG);

Steckbrief<<<Gesucht>>>
| Eine Frau für den Kampf gegen Amazon

Maria Zesch ist seit August 2021 CEO der börsennotierten deutschen TAKKT AG. Das Unternehmen
tritt unter verschiedenen Marken als Distanzhänd-
ler für Geschäftsausstattung auf. Es beschäftigt
2.500 Mitarbeitende in 25 Ländern — und muss
von Zesch fit gemacht werden für die zukünfti-
ge Arbeitswelt. Zesch hat an der Wirtschaftsuniversität Wien Handelswissenschaften studiert
und 1997 als Magistra abgeschlossen. Nach drei
Jahren bei der Unternehmensberatung A.T. Kearney
wurde sie 2003 vom Kunden T-Mobile Austria, dem
Vorläufer der heutigen Magenta, abgeworben. Sie
blieb 18 Jahre im Unternehmen und stieg dort über
Marketing- und Sales-Verantwortung 2018 zum *Chief
Commercial Officer* mit Verantwortung die Bereiche
IoT Digitalisierung, Geschäftskunden, Wholesale,
Immobilienwirtschaft und Partnernetzwerke auf.

{Wirbelwindig gegen die Frauen-Schublade;

Eine Schildkröte, die eine schwere Last trägt — so sah
sich Maria Zesch als sie Ende 2015, gerade 42 Jahre
alt, als *Chief Commercial Officer* bei Magenta Telekom, die damals noch T-Mobile Austria hieß, die Verantwortung für den gesamten Privat- und Geschäfts-
kundenbereich des Mobilfunkanbieters übernahm.

Und wie sieht sie sich heute, wieder gerade mit einer neuen, großen Aufgabe gestartet? Maria Zesch lässt sich einen Augenblick Zeit mit der Antwort, unreflektierte Schnellschüsse sind ihre Sache nicht. „Vielleicht eine Figur, die die Hände zur Seite ausstreckt, um mit seinem Team einen Kreis zu bilden?"

„Wirbelwindig" – gibt es das eigentlich?

Ja, das passt. Denn wie wichtig ihr das Thema Team ist, daran lässt sie in unserem Gespräch keinen Zweifel. Seit August 2020 ist sie CEO der börsennotierten deutschen TAKKT AG, einem B2B-Händler für Geschäftsausstattung mit 2.500 Mitarbeitenden in 25 Ländern. Der hat als klassischer Versandhändler eine lange Tradition – und braucht jetzt Transformation, um gegen Amazon und Co bestehen zu können. Kein leichtes Match, wird die Frage der Digitalisierung hier doch schnell zu einer Überlebensfrage. Jemand wie Maria Zesch kann hier seine Stärken ausspielen. „Wirbelwindig", wenn es dieses Wort nicht gibt, hat sie es gerade erfunden, empathisch und konsequent, so beschreibt sie sich selbst.

Von außen betrachtet wirkt sie überaus fleißig, hart arbeitend und auch durchaus streng mit sich selbst. Das hat viel mit ihrer Prägung zu tun. Sie wächst im niederösterreichischen Schrattenberg auf, wo damals aufgrund des Eisernen Vorhanges noch die Welt endet. Perspektiven und Optionen sind hier begrenzt, zufällige Chancen kommen eher selten vorbei. Wer hier die Hände in den Schoß legt, tut sich schwer. Maria ist die erste in der Familie, die studiert. Wirtschaft oder Jus, das sind die Alternativen, was gibt es auch sonst? Es wird die Wirtschaftsuni – und damit startet das, was man wohl als „Kamin-Karriere" bezeichnet: Schritt für Schritt nach oben. Sprungbrett ist die Unternehmensberatung A.T. Kearney, von wo sie ein Kunde abwirbt: T-Mobile Austria.

In rasantem Tempo wird sie *Vice President Strategy* und dann *Executive Vice President Consumer Marketing*, wird nach einem Auslands-Sidestep bei T-Mobile Kroatien in Österreich *Chief Officer Marketing* und *Member of the Board*, als einzige Frau. Ab 2018 ist sie als CCO gesamtverantwortlich für IoT, Digitalisierung, Geschäftskunden, Wholesale, Immobilienwirtschaft und Partnernetzwerke.

Wie ihr das gelingt, ahnt man, wenn sie erzählt, wie sie an ihre neue Aufgabe bei TAKKT herangegangen ist. Es braucht sehr viel Mut, nach 18 Jahren in einem Unternehmen einen solchen Schritt zu wagen. „Der Sprung nach ganz oben als CEO, eine andere Industrie, ein anderes Land, das ist schon eine Herausforderung", sagt Maria Zesch, „und es ist sicher Ausdruck meines Reifeprozesses, nicht in Bequemlichkeit zu verharren, sondern diese Herausforderung anzunehmen." Aber woher kommt dieser Mut, möchte ich wissen? „Mut?", antwortet die Managerin, „Mich treiben Neugier und der Willen, etwas zu lernen." Hätte das ein Mann auch so ausgedrückt, wenn er auf dem Sprung an die Spitze eines internationalen Konzerns ist?

Bitte keine Frauen-Schublade
Eh alles zu wissen – nichts liegt Maria Zesch ferner als diese Einstellung. Sie macht kein Geheimnis daraus,

dass Mentoren wie der damalige T-Mobile-Chef Georg Pölzl sie gefördert haben, dass sie Kolleginnen und Kollegen in speziellen Fragen um Rat fragt, dass sie gerne von anderen lernt, dass sie sich extern coachen lässt. Ist das typisch weiblich, weil es als vermeintliche Schwäche angreifbar macht? „Nein", sagt Zesch, „das ist eine Frage der Persönlichkeit." Was sie denkt und nicht sagt: Packt mich bitte nicht in die Frauen-Schublade!

Das bedeutet keineswegs, dass Zesch dem Frauenthema im Beruf aus dem Weg geht. Dass beim deutschen Familienkonzern Haniel, zu dem TAKKT mehrheitlich gehört, die Recruiting-Devise lautet „Women first" findet sie richtig, notwendig und gut. Sie hat für ihr Team drei Frauen als *Vice Presidents* engagiert. Schließlich hat sie es auch umgekehrt erlebt. Als sie 2012 für ihre Tochter in Karenz geht, ist sie Geschäftsführerin im Marketing – als sie wenige Monate später wieder zurückkehrt, ist sie nichts mehr, zumindest beruflich: Ihr Job ist einer Umstrukturierung zum Opfer gefallen. Macht so ein Erlebnis verbittert? „Nein", sagt Zesch, „ich konnte mehr Zeit mit meiner Tochter verbringen. Und letztlich setzen solche Erlebnisse auch Kraft frei und helfen, sich neu zu polen." Was nicht heißt, dass sie eine solche Situation mit ihrer Erfahrung nicht anders angehen und sich frühzeitig um die Rückkehrmöglichkeiten kümmern würde. „Und das rate ich auch allen jungen Frauen."

Du machst den Unterschied

Auch wenn Zesch das Genderthema nicht allzu hoch hängen möchte – die etwas andere Perspektive klingt in unserem Gespräch spürbar immer wieder durch. Digitalisierung wird in der männlichen Welt vor allem als eine technische Herausforderung gesehen. Für Zesch geht es auch um die Transformation des Menschen, ihn mitzunehmen, das richtige Mindset zu entwickeln, Chancen aufzuzeigen. Sie spürt, dass die junge Generation keinen „Job" mehr will, sondern „Purpose" sucht, auch wenn sie dieses Wort wegen dem ihm anhaftenden Risiko, eine reine Hülse zu sein, nicht besonders mag. „Aber viele junge Menschen wachsen im Wohlstand auf, sind materiell gut abgesichert, die sind ausschließlich mit Geld nicht zu motivieren", ist sie überzeugt. Ebenso wichtig sieht sie das Thema Nachhaltigkeit, und zwar echte Nachhaltigkeit im Sinne einer verantwortungsvollen Kreislaufwirtschaft, kein Greenwashing. „Das sind die Themen der Zukunft", ist sie überzeugt, „und wer darauf keine überzeugende Antwort geben kann, wird große Schwierigkeiten haben, Mitarbeiterinnen und Mitarbeiter zu finden." Das sehen andere auch so. Wir setzen auf dich, weil du den Unterschied machst, hat ihr der Aufsichtsrat bei ihrer Bestellung zu verstehen gegeben. Das ist sehr schön ausgedrückt, und treffend auch noch.

Immer wieder in unserem Gespräch fällt die Bedeutung des Teams. Zesch hat Karrieren scheitern sehen, trotz inhaltlicher Perfektion. Aber es mangelte den betreffenden Personen an Empathie und Integrationsfähigkeit, an der Fähigkeit, Brücken zu den Menschen zu bauen. „Man muss nicht alles besser wissen, dafür muss man sich ein Team aufbauen, das eigene Schwächen kompensiert." Dieser Satz sagt viel über Maria Zesch aus.

Mut zum Papa-Kind

Ein anderer lautet: „Meine Tochter ist ein Papa-Kind."
Ein schlichter, einfacher Satz, den sie weder mit Stolz
noch mit Weinerlichkeit oder gar Bitterkeit sagt. Ein
schlichter Satz, der einfach beschreibt, wie es ist. Ein
mutiger Satz, weil er zeigt, wie es ist, ohne Angst davor zu leben, als kaltherzige Rabenmutter zu gelten.
Ein solcher Satz, gelassen ausgesprochen, ist eine Ermutigung, die mehr als wichtig ist. Auch deshalb ist
sie für mich ein Role Model.

„Derzeit hat die Karriere Vorrang vor der Familie."
Auch dieser Satz ist Maria Zesch, auch dieser Satz macht
sie als Mutter in den Augen vieler angreifbar. Trotzdem
spricht sie ihn wie selbstverständlich aus. Der neue
Top-Job in Stuttgart bedeutet zunächst einmal pendeln
und lange Tage, sehr lange Tage. Das ist der Preis einer
solchen Karriere, ob Mann oder Frau. Der Unterschied:
Zesch macht kein Geheimnis daraus, dass ein solcher
Karrieresprung „den richtigen Partner braucht, der das
mitmacht". Sie weiß, dass langfristig Beruf, Familie und
Freunde sowie das eigene Ich in einem ausgewogenen
Verhältnis zueinander stehen müssen. Aber sie weiß
auch, dass es immer wieder Phasen gibt, in denen eine
dieser Säulen eine höhere Priorität hat als die anderen
und das Modell gewissermaßen schief steht. Alles andere anzunehmen wäre weltfremd.

Und ihr Rat an junge Frauen, die im IT- und Digi-
talisierungsbusiness vor den Vorhang treten wollen?
„Studiert Technik! Ich bedaure, dass ich das nicht ge-
tan habe." Das ist nicht nur ein Rat an Frauen, sondern
auch eine Empfehlung an die Bildungsverantwort-
lichen. „Programmmieren muss Teil der Ausbildung

sein", fordert sie, „Nicht, weil jeder Programmierer werden muss. Aber jeder sollte ein Verständnis dafür haben, was dahintersteckt." Und dann noch ein Ratschlag, der wohl sowohl auf jungen Frauen als auch auf das Bildungssystem zutrifft: „Ausprobieren, ausprobieren, ausprobieren."

Persönliches Fazit

Unglaublicher Fleiß und auch Härte mit sich selbst, das zeichnet Maria Zesch aus. Einfach zu akzeptieren, dass ihr Kind auch ein Papa-Kind ist, weil sie wenig Zuhause ist, das ist Stärke. Zum Nicht-Wissen zu stehen und Lösungen dafür zu finden, das ist Stärke.

</

Christine Antlanger-Winter

(Geschäftsführerin Google Österreich);

Steckbrief<<<Gesucht>>>
| Digitale Dynamikerin

Christine Antlanger-Winter ist seit Anfang 2019 Österreich-Chefin von Google. Sie hat an der Fachhochschule Hagenberg Mediendesign studiert und danach eine absolut digitale Karriere gestartet. Bei der Agentur Mindshare baut sie das digitale Marketing auf, wird zunächst *Digital Director*, dann *Chief Digital Officer* und 2018 schließlich Geschäftsführerin der Agentur. Seit 2019 leitet sie als *Country Director* das Google-Österreich-Büro.

{Probiere das aus, das ist neu;

Puh, das war knapp, ganz knapp. Viel hat nicht gefehlt, dann wäre es eine konventionelle, eine erwartbare Karriere geworden. Ganz nahe war Christine Antlanger-Winter daran, Kunstgeschichte zu studieren. Nichts spricht gegen ein solches Studium, außer dass es die traditionelle Rollenverteilung der Geschlechter widerspiegelt: Acht von zehn Studierenden der Kunstgeschichte sind weiblich. Klar, die männlichen Kommilitonen studieren ja Technik.

Christine Antlanger-Winter ist ein Beispiel dafür, dass es auch anders sein kann, ein Role Model für den anderen Weg, für eine andere Welt. Sie ist seit Anfang 2019 Chefin von Google Österreich. Und sie hat nicht Kunstgeschichte studiert.

Kurz vorher ab- und auf ihren tollen Karrierepfad ein-gebogen ist sie aufgrund einer neuen Studienbezeich-nung. Diese eindeutig technisch-naturwissenschaftlich geprägte Fachhochschule war damals noch ganz neu. Und um eben nicht nur technisch-naturwissenschaftlich geprägte Studierende anzusprechen, sondern für eine gewisse Diversität am Campus zu sorgen, wurde aus „Medientechnik" „Medientechnik und -design" – und genau das sprach die junge Christine Winter an.

Französisch und Musik
Dabei war sie als junges Mädchen ganz auf dem mu-sisch-kreativen Trip. Sie wählt Französisch und Latein als Schulfach statt technischem Zeichnen. Sie lernt Blockflöte, Gitarre und Saxophon – und spielt in En-sembles, Orchestern und Big Bands. „Musik war und ist eine große Leidenschaft." Das Wort „Leidenschaft" wird in unserem Gespräch noch häufiger vorkommen, genauso wie „Freude" und „Begeisterung" – alles Eigenschaften, die Christine Antlanger-Winter aus-zeichnen und ihre Karriere beflügelt haben.

„Musik hat für mich eine große Rolle gespielt", er-zählt sie. „Das Landesmusikschulwerk war in Ober-österreich sehr aktiv und man hatte einen wirklich leichten Zugang zu Musik und Instrumenten. Das begann schon mit musikalischer Früherziehung." Der Weg scheint also vorgezeichnet, obwohl sie sich gegen Ende der Schulzeit auch für Physik und Mathematik zu interessieren beginnt. Als sie über mögliche beruf-liche Perspektiven in diese Richtung mit einem Lehrer spricht, bekommt sie als Antwort: „Christine, du hast so viele andere Talente."

Was so locker erzählerisch daher kommt, verbirgt ein echtes Drama. Wenn schon in der Schule die Rolle so festgezurrt werden – Buben interessieren sich für Technik, Mädchen für Musik, Tanz und Malen –, was soll sich dann ändern?

Doch dann erfährt Sie von Hagenberg und dem Studiengang „Medientechnik und -design". „Wenn diese Kombination aus Medientechnik und dem Begriff ‚Design' nicht angeboten worden wäre, hätte ich keinen Zugang zur Technologie gefunden", ist Christine Antlanger-Winter überzeugt. Manchmal ist es also ein Wort, das entscheiden kann.

Das Studium ist sehr technisch – es werden Datenbanken programmiert, mit Java gearbeitet, visuelle Oberflächen und 3D-Animationen werden gestaltet – und die junge Studentin fühlt sich gut aufgehoben in einer ganz neuen spannenden Welt. „Das Studium war wahnsinnig vielseitig, und das hat mich immer schon sehr angesprochen. Genau das brauche ich: Vielseitigkeit! Das hat in meiner Laufbahn immer eine große Rolle gespielt." Das Studium in Hagenberg bietet ihr genau diese Vielseitigkeit, die sie immer sucht. „Mir hat sich da wirklich eine neue, faszinierende Welt eröffnet", erinnert sie sich", „ich war mit voller Motivation dabei."

Wie sie sich sonst noch sieht: Offen für Neues, „entdeckerisch" und eben leidenschaftlich im Sinne eines freudigen Zugangs zu neuen Themen. Ihr Mindset entspricht genau dieser Selbsteinschätzung: sich auf Dinge einzulassen, Dinge auszuprobieren, mal schauen, was daraus wird, nicht beim ersten Gegenwind, bei der ersten Enttäuschung aufzugeben. Was man dazu wohl braucht und was Christine Antlanger-Winter von Zuhause mitbekommen hat, das zeigt sich in unserem Gespräch deutlich: Vertrauen in sich selber. Das ist ein wichtiger Karrierebaustein und – leider – oft beim männlichen Teil der Bevölkerung stärker ausgeprägt. „Mir ist bewusst, dass dieser starke familiäre Rückhalt ein Privileg ist", sagt sie selber, „das hat mir viele Sachen einfacher gemacht."

Pixar lernt gerade laufen

Vor allem stärkt es auch bei Rückschlägen. Als sie 2002 das Studium abschließt, ist gerade die Dotcom-Blase spektakulär und laut geplatzt. Zudem wissen viele Unternehmen und Agenturen gar nicht so recht, was sie mit „Medientechnik und -design"-Absolventen anfangen sollen, das Studium ist seiner Zeit ein wenig voraus. Über ein Praktikum bei einem belgischen Unternehmen taucht Christine ins Thema 3D-Scanning und Animation ein, doch das findet Anfang der 2000er Jahre höchstens in den USA statt, die Pixar Studios lernen gerade laufen.

Sie findet einen Job bei einer Multimedia-Agentur, beschäftigt sich mit Flash-Projekten und Anbindung an Datenbanken – nicht unbedingt das, was sich die junge Absolventin erhofft hatte. Zu limitiert, zu wenig vielseitig, danke nein. Dann hat auch bei dieser Karriere der Zufall seinen Auftritt. Als Christine Antlanger-Winter das so erzählt, möchte ich ergänzen, dass zum „Zufall" immer zwei gehören: der Zufall, also die Gelegenheit, und derjenige, der sie erkennt und nutzt.

Sie kommt zu Mindshare, einer Marketing- und Media-Agentur, und erlebt den Start des digitalen Marketings. Mit ihrem technologischen Background stürzt sie sich auf dieses Thema – logisch, passt es doch genau zu ihr: Vielseitig, neu, viel zum Ausprobieren und Gestalten. Die Agentur gehört zu einem internationalen Netzwerk, der Freiraum ist groß, genau ihr Ding.

Ein Berufsleben, eine Agentur

15 Jahre bleibt sie bei der Agentur, steigt über Digital Director und Chief Digital Officer zum Österreich-CEO auf. Aber halt, das passt jetzt nicht: Neugierig, immer etwas Neues entdecken – und dann praktisch das ganze Berufsleben bei einem Unternehmen? „Das digitale Marketing hat sich in diesen Jahren so unglaublich entwickelt, das ist mir oft wie ein neuer Job vorgekommen", sagt Christine Antlanger-Winter, es hat sich nie so angefühlt, als wenn ich 15 Jahre bei derselben Firma gewesen wäre." Ihr Bereich wächst von anfangs 17 Mitarbeitenden auf 80. „Da hat sich immer etwas Neues entwickelt, man musste immer etwas Neues erfinden. Das ganze Set-up von Gestaltungsspielraum, Vertrauen und Weiterentwicklung, das hat super gepasst."

Die Rolle von Frauen in Führungspositionen in dieser Branche? Interessanter Unterschied: In Österreich waren viele Mediaagenturen eher weiblich geprägt, in Deutschland oft männlich dominiert. „Es hat sich immer so ergeben, dass meine Teams nach Geschlechtern halbe/halbe zusammengesetzt waren, das war eher intuitiv", sagt die Managerin.

Familie und Weiterentwicklung

Zum ersten Mal konfrontiert mit dem Thema Rollen-Stereotyp wird sie, als sie schwanger ist. „Du wirst deinen Fokus dann ja eh ganz auf die Familie verlagern" hört sie mehr als einmal. Schublade „junge Mutter" auf, rein,

Schublade wieder zu, als wenn es keinen anderen Weg gäbe. „Das hat mich wirklich sehr gestört."

Die Konsequenz für sie: „Es treibt mich an, jungen Frauen zu sagen und zu zeigen, dass sie eine Wahl haben, dass man Beruf und Familie verbinden kann. Und dass Kinder kein Frauenthema sind, sondern ein Elternthema. Zu meiner Zeit gab es da nicht so viele Role Models. Weibliche Führungskräfte haben über Kinder und Familie meist nicht laut gesprochen, damit für sie kein Nachteil entsteht. Wenn ich dazu etwas beitragen kann, dass sich das ändert, wäre das toll."

Sind also Role Models wichtig, ermutigen sie? „Ich denke darüber oft nach und bin schon überzeugt, dass durch Vorbilder eine andere Selbstverständlichkeit entsteht. Die hat es früher nicht gegeben. Die Einstellung war eher, okay, ich bekomme ein Kind, bleibe Zuhause, und wenn ich wieder einsteige, übernehme ich irgendwelche weniger relevanten Zuarbeiten. Aber den Verantwortungsbereich zu behalten oder auszubauen, das war eher die Ausnahme." Für sie ist das der entscheidende Aspekt: Nach Mutterschutz und Kinderzeit wieder anzuknüpfen und nicht zurückzufallen, darauf kommt es an. „Ich konnte das gut regeln, weil mein Mann und ich ein Eltern-Team sind. Aber gesellschaftlich gibt es da schon noch viele Aufgaben, angefangen bei Einrichtungen zur Kinderbetreuung bis zu flexiblen Arbeitszeitmodellen. Da ist noch viel zu tun."

Hilft vielleicht die Digitalisierung, macht sie es für Frauen einfacher? „Das Voranschreiten der Digitalisierung ist eine irrsinnige Chance für diverse Gruppen, einen leichteren Zugang zur Technologie zu haben und ihr Leben, ihren Beruf aktiver mitzugestalten."

Mein Gedanke dazu: Es ist weniger die Technik, die Frauen hilft, es sind die Netzwerke. Männer haben im Gegensatz zu vielen Frauen in Führungspositionen, keine Hemmungen, jemanden anzurufen und um Hilfe oder einen Kontakt zu bitten. „Stimmt", sagt Antlanger-Winter, „Frauen sind meiner Erfahrung nach häufiger empathischer und denken eher darüber nach, was sie anderen zumuten können." Aber wie lässt sich das ändern, wie kann Ermutigung gelingen? „Wenn man Diversität in Unternehmen fördern will, weil sie bessere Ergebnisse bringt, wovon ich überzeugt bin, ist das ein Leadership-Thema. Einerseits muss man diese Teams entstehen lassen, andererseits aber auch führen. Und das erfordert neue Leadership-Skills, nämlich auf unterschiedliche Menschen eingehen zu können, deren Stärken zu erkennen. Und das erfordert Empathie. Ein Orchester ist für mich eine gute Metapher: da geht es darum, die Eigenständigkeit der Musiker und Instrumente zu erhalten und trotzdem eine gemeinsame Partitur zu haben.'

Persönliches Fazit

Vertrauen in sich selber, in seine eigenen Fähigkeiten zu haben, ist eine wichtige Voraussetzung für eine weibliche Karriere, das zeigt die Geschichte von Christine Antlanger-Winter. Die Basis dafür wird durch Ermutigung im Elternhaus und der Schule gelegt — oder eben auch nicht. Was sich ebenfalls zeigt: Role Models haben eine wichtige Funktion. Gar nicht so sehr als individuelle Vorbilder, sondern damit gewisse Dinge selbstverständlich werden.

</

Pam
Maynard

(CEO Avanade Global);

Pam Maynard ist seit 2019 CEO des globalen
Tech-Unternehmen Avanade Global. Die studierte
Betriebswirtin startete ihre Karriere bei IBM.
Sie hatte diverse Führungspositionen bei Capge-
mini und Ernst & Young bevor sie 2008 zu Avanade
wechselte.

{Was dich anders macht, macht dich stark.;

Mutig, resilient und empathisch – drei Eigenschaften, die Pam Maynard beschreiben, drei Eigenschaften die Pam Maynard auszeichnen und vermutlich drei Eigenschaften, die diese steile und beeindruckende Karriere ermöglicht haben. Pam ist meine Chefin. Seit 2019 leitet sie den globalen Tech-Konzern Avanade. Wie diese Bilderbuchkarriere zustande gekommen ist, will ich von ihr wissen. „Meine Eltern waren Einwanderer von den westindischen Inseln, meine Mutter war Krankenschwester, mein Vater Busfahrer. Ich bin in London zur Welt gekommen und wir sind dann in die Kleinstadt Basingstoke gezogen", startet Pam mit der Geschichte ihrer Vita. Sie war, gemeinsam mit ihrer Schwester, eines der wenigen Schwarzen Mädchen im 80.000 Einwohnerstädtchen 80 Kilometer westlich von London. „Mein Vater hat mir früh Cricket beigebracht und ich war darin ziemlich gut. Das war mein Schlüssel zu Freundschaften", erzählt sie. Der Sport stärkte damit nicht nur ihre Resilienz, sondern half ihr auch, Barrieren zu überwinden.

Aber als den Grundpfeiler für ihre Karriere sieht Pam die Bereitschaft, alte Denkweisen und den Status quo in Frage zu stellen. Immer schon. So wollte sie etwa seit jeher Jus studieren, entschied sich aber nach den ersten Semestern an der Universität doch für ein Wirtschaftsstudium. Das wiederum brachte sie über ein Praktikum beim IT-Riesen IBM zur Technologie. Viele Wegkreuzungen. Viele Entscheidungen. Wer sie dazu inspiriert hat: ihre Mutter. „Meine Mutter war meine erste Inspirationsquelle und sie ist es bis heute. Sie hat mich dazu ermutigt, auf mein Bauchgefühl zu vertrauen", erzählt sie und ergänzt: „Das habe ich mir in meinem Leben so oft zu Herzen genommen: keine Angst haben und Risiken eingehen." Das erste kalkulierte Risiko war eben der Studienwechsel. „Ich war die erste Person in meiner Familie, die eine Universität besuchte, daher war dieser Wechsel eine große Entscheidung für mich. Und es war meine Mutter, die mich ermutigte, mir selbst zu vertrauen und einen anderen Weg einzuschlagen." Auf die Frage, was ihr wichtigster Wendepunkt in ihrer Karriere gewesen sei, antwortet sie, dass ganz zu Beginn ihrer Laufbahn ein Personalberater beim Jahresgespräch ihre Perfektion ansprach. Er machte ihr klar, dass dies sowohl ihren Karrierefortschritt als auch ihr Umfeld hemmte. „Zu diesem Zeitpunkt begann ich zu verstehen, dass 80 Prozent manchmal gut genug sind und dass ich über mich selbst hinausdenken musste, um sicherzustellen, dass mein Verhalten andere nicht aufhält oder deren Möglichkeiten einschränkt. Das hat mir geholfen, mehr Selbstmitgefühl zu entwickeln, aber auch eine bessere Führungskraft zu werden."

Von Mentoren und Netzwerken

Mentoren und Berater spielen in Pam Maynards Karriere eine große Rolle. Sie erwähnt sie immer wieder in unserem Gespräch. „Ich verdanke meinen Weg zur CEO meiner Fähigkeit, während meiner gesamten Laufbahn Mentoren zu finden und mit ihnen zusammenzuarbeiten." Mentoring und Networking sind für sie von entscheidender Bedeutung. „Als ich nach Seattle zog, weit weg von meiner Familie und meinen Freunden, suchte ich mir ein Mitarbeiterinnen-Netzwerk für schwarze und afroamerikanische Kollegen. Sie halfen mir, Kontakte zu knüpfen und mich zuhause zu fühlen", erinnert sie sich.

Stimmgewaltig

Mentoren aktiv um ihre Unterstützung zu bitten, scheint eines der Erfolgsrezepte von Pam Maynard zu sein. „Meine Mutter hat mir früh mitgegeben, meine Stimme zu gebrauchen und meine Meinung zu sagen. Am Anfang meiner Karriere hatte ich meine Mentoren dazu um Rat gefragt und sie gebeten, mir in Meetings die Gelegenheit zu geben, meine Meinung zu sagen. Das hat mir sehr geholfen, das Selbstvertrauen, das ich heute habe, aufzubauen und meine Skills als Führungskraft zu entwickeln", erläutert Pam, die eindringlich die Nutzung der eigenen Stimme einfordert: „Finde deine Stimme!" lautet ihr Credo.

Kraftquelle Anderssein

Auf die Frage, welche Tipps sie sonst noch jungen Frauen, die am Anfang ihrer Karriere stehen, gerne mitgeben würde, erhalte ich eine spannende Antwort. Einerseits rät sie: „Mach dir die Macht der Gemeinschaft zunutze!"; gleichzeitig unterstreicht sie die Individualität: „Was dich anders macht, macht dich stark!" Davon ist sie überzeugt und erzählt: „Zu Beginn meiner Karriere hatte ich Schwierigkeiten, mich zugehörig zu fühlen. Es ist eine echte Herausforderung, wenn niemand im Raum so aussieht wie man selbst oder dieselben Erfahrungen gemacht hat. Ich habe mit der Zeit die Erkenntnis entwickelt, dass Anderssein eine Stärke ist. So habe ich dieses Gefühl überwunden", bekräftigt sie. „Es erlaubt einem, die Dinge aus einem anderen Blickwinkel zu betrachten, Probleme anders anzugehen. Und das ist, woher wahre Innovation kommen kann. Ich ermutige daher jeden, zu akzeptieren, was einen anders macht und das als Kraftquelle zu nutzen."

Weit über die Vision hinaus

Pam ist zudem davon überzeugt, dass diese unterschiedlichen Blickwinkel Unternehmen weiterbringen und ihre Innovationskraft steigern. Und das leben sie und Avanade jeden Tag. Dies empfiehlt sie jeder Organisation: „Erfolgreiche Unternehmen schaffen eine Kultur, in der Inklusion und Vielfalt einen hohen Stellenwert haben." Zudem müsse der Fortschritt auch gemessen werden. Denn: „Der Wunsch nach mehr Integration und Vielfalt muss weit über die erklärte Vision hinausgehen. Führungskräfte in der Technologiebranche müssen sich Ziele setzen, um die Vielfalt zu erhöhen und sich selbst in die Verantwortung zu nehmen." Diese inklusive Kultur in Kombination mit einem hohen Maß an Flexibilität für die Mitarbeiter könnte den entscheidenden Ausschlag dafür geben, dass sich mehr Frauen für die Technologiebranche und eine Karriere in einem IT-Unternehmen entscheiden. „Flexibilität ist der Schlüssel. Nicht erst seit der globalen Pandemie bin ich davon überzeugt, dass flexibles Arbeiten die Grundlage für die Workforce der Zukunft ist." Diese flexible Arbeitskultur baut sie in unserem Unternehmen aktuell auf und aus. „Unsere Mitarbeiter sollen so arbeiten, wie es in ihr Leben passt. Das kann ein alternativer Wochenplan sein, ein Remote- oder Hybrid-Arbeitstag, oder am frühen Morgen und am Abend seine Arbeit zu erledigen", erläutert sie.

Verantwortung in der Männerdomäne

Jetzt möchte ich noch wissen, wie wichtig ihr Frauenförderung ist und wie sie Frauen und insbesondere junge Frauen unterstützt? „Für mich war und ist die Unterstützung von Frauen ein persönliches Anliegen. Ich habe viele Erfahrungen gemacht, die mir geholfen haben, persönlich und beruflich zu wachsen, aber meine Erfahrungen als Schwarze Frau haben mich am stärksten geprägt. Als Schwarze Frau in einem von Männern dominierten Bereich fühle ich mich dafür verantwortlich, alle Frauen zu unterstützen. Diese Verantwortung ist mir in meiner beruflichen Laufbahn immer wieder bewusst geworden – vor allem in meiner Rolle als CEO."

Bei all diesen vielen Gedanken und wunderbaren Ratschlägen frage ich Pam noch, was nun ihr wahres Erfolgsgeheimnis ist. „Ich bin der festen Überzeugung, dass ich nicht die Erfolge erzielt hätte, die ich in meiner Karriere habe, wenn ich nicht den Mut gehabt hätte, einfach durch die Türen zu gehen, die sich mir immer wieder geöffnet haben", antwortet sie und zitiert noch einen ihrer Mentoren: „Der Erfolg deiner Karriere hängt von dir ab und von niemandem sonst. – Diesen Ratschlag habe ich mir schon früh zu Herzen genommen. Er hat mir das Selbstvertrauen gegeben, das mich dahin gebracht hat, wo ich heute bin."

Persönliches Fazit

Eine Bilderbuchkarriere einer klugen Frau, die weiß, wann sie Ratschläge suchen und annehmen muss und gleichzeitig selbstbewusst Entscheidungen trifft. Sie ist für mich der Inbegriff eines Role Models, weil sie nicht nur vorzeigt, wie man als Schwarze Tochter von Einwanderern in die höchste Chefetage kommt, sondern auch Frauen inspiriert und tatkräftig unterstützt, und gleichzeitig an einer Firmenkultur arbeitet, die Inklusion und Flexibilität bedingungslos fördert. Ich bin unglaublich beeindruckt von ihrer Karriere und von ihr als Person: und sehr stolz so eine Chefin zu haben.

</

Jacqueline Wild

(Head of Group Information
Management MM Group);

Jacqueline Wild ist *Head of Group Information Management* bei der MM Group. Die HAK-Absolventin hat in späteren Jahren den Master in Prozessmanagement sowie einen MBA-Abschluss an der Donau-Uni Krems absolviert. Ihre berufliche Karriere startete im Controlling des Telekommunikations-Anbieters Hutchinson („Drei"). Auch ihre Laufbahn beim Papierkonzern Mondi, für den sie 14 Jahre tätig war, begann im Controlling. Über verschiedene SAP-Projekte kam sie in die IT und stieg bis zum *Head of Advanced Platforms* auf. Seit Oktober 2020 ist Wild Vorstandsmitglied bei der MM Group.

{Klare Kante plus Durchboxen, alles selfmade;

Ist Härte die Antwort? Kann es eine Lösung für Frauen sein, den „härteren Mann" zu spielen, um in Unternehmen nach oben zu kommen? Diese Fragen stellen sich mir unwillkürlich beim Gespräch mit Jacqueline Wild, CIO der Mayr Melnhof Group. Sie hat es gar nicht so gewollt, ist aber in diese Rolle hineingedrängt worden, das wird an diesem Abend deutlich. Wenn eine Frau klare Worte findet und Dinge direkt anspricht, ist sie schnell als „Kampfpanzer" klassifiziert. In einer klassischen Old-Boys-Branche wie der Papierindustrie damals war das durchaus als Kompliment gemeint, allerdings in seiner rustikalen Art etwas aus der Zeit gefallen und für eine Managerin schon gar nicht passend. „Kampfpanzer", die Bezeichnung klebt wie ein negatives Etikett.

Aber liegt es vielleicht auch an der Person Jacqueline Wild selber, dass ihr ein solches Etikett so schnell aufgeklebt wird? Ihre Karriere ist absolut selfmade. Nichts geschenkt. Alles erarbeitet. Und das stets ein bisschen störrisch, auf dem unbequemen Weg.

Schule ist gut, Freiheit besser

Jacqueline Wild wächst als jüngstes von vier Kindern in Neunkirchen in Niederösterreich auf. Die Eltern haben ein Geschäft für Strickwaren, sind bei jedem Kirtag mit einem Stand vertreten. Doch Neunkirchen ist klein, die Welt der Strickwaren für die junge Frau zu engmaschig. „Schule ist zwar gut und wichtig, aber viel wichtiger ist die Freiheit", beschreibt sie ihre damalige Einstellung. Also Handelsschule, HAK-Aufbaulehrgang und nebenbei immer arbeiten – und zwar nicht im eigenen Dorf. Sie fängt in Wien als Buchhalterin an, ist knapp 20 Jahre alt und verdient 18.500 Schilling im Monat – ein erster Traum ist damit in Erfüllung gegangen. „Arbeiten bedeutete damals für mich Freiheit plus Geld, genau was ich wollte."

In der Buchhaltung kommt sie auch mit dem Programm SAP R/2 in Berührung, der erste sanfte Kontakt mit der IT-Welt. Der wird intensiver, als die Welt auf den Jahrtausendwechsel zusteuert und die große Angst umgeht, dass alle bis zum Jahr 1999 ausgelegten Programme beim großen Datumssprung abstürzen oder sich gar in Luft auflösen, inklusive aller Systeme und Daten. Für die junge, wissbegierige Frau tut sich eine neue, spannende Welt auf. „Klare Strukturen, logisches Denken und irgendwie auch coole Typen, das hat mir gefallen", erinnert sich Jacqueline Wild.

Von Zahlen und Tabellen in die IT – dieses Muster wiederholt sich später wieder. Auch beim nächsten Job, dem Telekommunikations-Anbieter Hutchinson („Drei"), startet sie im Controlling und landet in der IT. Was die IT für Jacqueline Wild so faszinierend macht: „Man bekommt Einblicke in alle Fachbereiche, versteht deren Prozesse, erkennt die Zusammenhänge." Am österreichischen Markt startet damals gerade das 3G-Netz, Rufnummern können erstmals mitgenommen werden, es gibt Prepaid-Handys und erste Spielereien mit Videotelefonie – und Jacqueline Wild ist mittendrin.

Hosenanzug statt Jeans

Nächste Station ist der Papierkonzern Mondi, auch dort startet sie in der Finanzabteilung. Und doch in einer anderen Welt: Jeans und Blazer, in der Telko-Branche üblich, haben ausgedient, der dunkle Hosenanzug muss her, die Papierbranche ist zutiefst konservativ. Die erste große Herausforderung für Wild: Die Irland-Niederlassung des Konzerns muss geschlossen werden – Ihr Einsatz, Wild!

Aber warum gerade sie, frage ich mich, die junge Frau aus dem Controlling? Jacqueline Wild zögert mit der Antwort. „Wahrscheinlich meine große Klappe", sagt sie dann. Aber das ist eine Ausflucht, eine Ausrede aus falscher (weiblicher?) Bescheidenheit. Wild hat ein klares Auftreten, kommuniziert eindeutig, spricht Dinge direkt an, auch wenn es unangenehm ist. „Herumeiern, das liegt mir überhaupt nicht, da werde ich grantig", sagt sie. Gute Eigenschaften für Krisen und die Bewältigung heikler Aufgaben. Aber mitunter auch verlässliche Eigenschaften, um sich unbeliebt zu machen.

Ihre Art, Dinge offen auszusprechen bringt Wild schließlich auch den nächsten Karriereschritt. Bei einem Mittagessen mit dem IT-Leiter in der Mondi-Kantine nimmt sie sich, wie üblich, kein Blatt vor den Mund. „So kompliziert ist das eigentlich nicht, was ihr da macht", sagt sie ihrem Gegenüber zwischen Hauptgang und Nachspeise, „ein bisschen Prozesse abbilden, kein großes Kunststück." Nicht gerade ein idealer Einstieg in eine gemeinsame Zukunft, aber zwei Tage später hat sie das Angebot, in die IT-Abteilung zu wechseln.

Freunde raten dringend ab. IT bedeutet damals noch Computer, die in einem Keller stehen, und Menschen mit Augenringen, die sich bei Tageslicht nicht besonders wohlfühlen. „Du zerstörst deinen Lebenslauf", lautet die Warnung. Wild irritiert das nicht. „Nur" HAK-Matura, kein Studium, ihr CV strahlt ohnehin nicht besonders glänzend. Sie hört auf ihren Bauch und wechselt. „Der beste Move ever", urteilt sie auch heute noch.

Bloß keine Routine

„Ich bin ein Explorer, schaue mir gerne neue Dinge an, setze Strukturen auf", so charakterisiert sich Wild selbst. Die Kehrseite: Details gehen gerade noch, aber höchstens einmal. Mehr Tiefe bitte nicht. Und bloß keine Routine, bloß keine Tätigkeiten, die nach einem festgelegten Schema abgearbeitet werden müssen, „da werde ich unrund". Aber kann man so mit detailverliebten Technikern umgehen, noch dazu als Frau?

Zumindest die Chefs schätzen die solide, unaufgeregte und attitüdenfreie Art der jungen Managerin. Sie wird Spezialistin für heikle Aufgaben. Wild, übernehmen Sie! Mal ist eine zugekaufte Firma zu integrieren, mal Prozesse verschiedener Business Units zu vereinheitlichen. Und immer eilt ihr der Ruf voraus: „Mit der Jacqueline legt man sich besser nicht an." Da ist es wieder, das Kampfpanzer-Etikett.

Ich muss eine Zwischenfrage stellen: „War das nur dein Image oder warst du auch so?" Knappe Antwort: „Ich war auch so. Es war notwendig, um mich durchzusetzen." Ist Härte also doch die Lösung, vielleicht die einzige Antwort in einer konservativen und männerdominierten Branche, in der der Jagdschein Jahrzehnte als eine der wichtigsten Qualifikationen galt? Wild zögert. „Die Frage ist, ob man es so machen musste, wie ich es gemacht habe. Aber in der IT-Abteilung habe ich immer sehr exponierte Aufgaben bekommen. Eigentlich wie bei einem Baby, das man in den Swimmingpool wirft und sagt: Schwimm!"

Kampf um Anerkennung

Ohne spezielle IT-Kenntnisse und auch noch eine Frau – wen interessiert da schon ihre Meinung? Es ist ein Kampf um Anerkennung und Akzeptanz. „Es war fast wie in meiner Kindheit: Als kleinstes von vier Kindern musste ich mich auch permanent beweisen." Immer besser sein als die anderen, immer 120 Prozent geben, immer auch emotional mit Vollgas und ungeschützt bei der Sache. Nach einiger Zeit spürt Wild, dass sie auf einem Gleis unterwegs ist, das in eine falsche Richtung führt, weg von ihr. Die Rolle als „Kampfpanzer", in die sie hineingedrängt wurde und die sie durchaus angenommen hat, hat sich verselbständigt. Mit Unterstützung eines Coaches werden Dinge reflektiert und zurechtgerückt, der „rote Knopf", durch den allzu leicht Eruptionen ausgelöst werden konnten, wird entschärft. Es verlangt Respekt, wie offen Jacqueline Wild über diese sehr persönlichen Dinge spricht und die sonst übliche Manager-Rüstung ablegt.

Als sich abzeichnet, dass es im Mondi-Konzern für sie nach oben gehen kann, schließt sie zielstrebig die Lücken im Lebenslauf. Master in Prozessmanagement an der Donau-Uni Krems, anschließend dort auch der MBA, Kurse an der Stanford University. Die Karriere startet durch. Sie steigt bei Mondi bis zum *Head of Advanced Platforms* auf. Aber als ein neuer CDO gesucht wird, wird sie übergangen, die Stelle bekommt ein Mann. Wild ist enttäuscht und geht.

Nach einem Zwischenspiel beim Berater Cap Gemini sitzt sie seit Oktober 2020 als *Head of Group Information Management* im Senior Management von Mayr-Melnhof, verantwortlich auch für die digitale Transformation. In einem Produktionsbetrieb wie Mayr-Melnhof bedeutet das vor allem Digitalisierung der Prozesse, um Ressourcen und Kosten zu sparen, im Manager-Sprech nennt man das „Operations Excellence".

Doch das Akzeptanz-Thema bleibt: Eine Frau ohne technische Ausbildung an der Spitze, auch noch gefördert und protegiert vom Top-Management, du meine Güte! Ihr Rezept beschreibt sie so: „Ich renne für euch und bin ein Schutzschild nach oben. Aber ihr müsst auch laufen. Und dann könne wir gemeinsam erfolgreich sein. Das ist es, was Akzeptanz schafft."

Dieses Konzept entspricht ihrer Persönlichkeit, anders geht es wohl auch kaum, will man authentisch führen. „Ich bin ein positiver Mensch, auch ein bisschen verrückt, aber sehr treu und eng verbunden mit für mich wichtigen Menschen", beschreibt sie sich selbst. Und sie ist mutig und denkt out-of-the-box. So besetzt sie Stellen gerne mit Quereinsteigern aus anderen Bereichen, wenn sie ins Team passen. „Solche Menschen bringen neue Sichtweisen ein, durch die wir als Unternehmen reifen und wachsen können", ist sie überzeugt. Und das Risiko, das damit einhergeht, auf einen Fachfremden zu setzen? „Das nehme ich gerne in Kauf, wenn ich von der Person überzeugt bin."

Immer wieder die Sichtbarkeit

Wild spricht an diesem Abend auch an, was für viele Frauenkarrieren ein Thema ist: „Es geht darum, gesehen zu werden – aber auch zu wollen, dass man gesehen wird." Auch bei ihr spielt ein Mentor, der sie fördert, eine wichtige Rolle: „Man muss die Leistung schon selber bringen, aber es braucht auch jemand, der einen an die Hand nimmt und einen sichtbar macht."

Und sie, fördert sie selber auch als Mentorin gezielt Frauenkarrieren? „Grundsätzlich macht es bei mir keinen Unterschied, ob Mann oder Frau. Ich fördere Menschen, wenn ich deren Potenzial erkenne, das diejenigen oft selbst noch nicht erkannt haben. Die bekommen dann einen Rempler – so wie ich ihn auch bekommen habe." Einen Rempler im Sinne von Ermutigung? „Ja, ich habe auch nicht den Mut gehabt, zu meinem Chef zu gehen und zu sagen, ich möchte gerne nach Stanford an die Universität. Obwohl ich mich selber schon zu den ‚lauteren' Charakteren zähle, gibt es trotzdem diese inneren Barrieren. Und das ist bei Männern nicht anders als bei Frauen. Es gibt genauso viele Männer, die sich nicht trauen."

Ihr Tipp in diesem Zusammenhang: Keine Scheu haben, Hilfe in Anspruch zu nehmen. „Ich bin absolut nicht der Typ, der auf dem Sofa sitz und meditiert, aber das gemeinsame Reflektieren mit einem Coach ist enorm hilfreich", weiß sie aus Erfahrung. „Es geht darum, zu erkennen, was man möchte und was nicht." Auch diese Offenheit gehört zu ihrer Persönlichkeit.

Aber natürlich ist auch Jacqueline Wild die Problematik der Unterrepräsentation von Frauen in den Chefetagen bewusst, gerade in technikorientierten Unternehmen. In ihrem siebenköpfigen Führungsteam sitzt gerade eine Frau. „Deshalb freue ich mich über jede weibliche Bewerbung", sagt sie, „weil da wieder eine Frau den Mut gehabt hat, aufzuzeigen. Und das ist so wichtig."

Wie sexy ist Verfahrenstechnik?

Mayr-Melnhof ist klassische Industrie. Hergestellt werden vor allem Kartons und Faltschachteln. „Schwerindustrie", sagt Jacqueline Wild, und das bezieht sich wohl nicht nur auf das Herstellungsverfahren, sondern auch auf die Strukturen und das Denken. An den Maschinen stehen viele Frauen, aber beaufsichtigt werden die Maschinen von einem Techniker, einem Mann. „Leider kommt da wenig von unten nach, weil sich wenige junge Frauen und Mädels dafür entscheiden, Verfahrenstechnikerin zu werden, weil das halt total unsexy klingt."

Da ist es also wieder, das Bildungsthema, die frühe Prägung auf klassische „Männer-" und „Frauenberufe". „Ich kann mich erinnern, schon bei mir auf der Handelsakademie saßen bei den Übungsfirmen die Mädchen in den Abteilungen Buchhaltung, Human Resources und Marketing, eingeteilt vom Lehrer, ganz klassisch." Zur Beruhigung könnte man sagen, dass das 30 Jahre her ist. Aber hat sich wirklich etwas geändert? Ich habe das Gefühl, dass sich trotz vieler Bemühungen an dieser Grund-Situation wenig bewegt hat. „Das muss im Kindergarten anfangen", ist auch Jacqueline Wild überzeugt, „man muss den Mädchen sagen, es ist okay, wenn du mit Autos spielst – und sie dazu auch ermutigen."

Erfolg ist, wenn der Pilot serviert

Hilft bei dieser Problematik nur eine Frauenquote? „Ich bin da hin- und hergerissen", sagt Wild. „Auf der anderen Seite denke ich mir, wir brauchen eine Quote, weil es anders offensichtlich nicht funktioniert. Umgekehrt finde ich es schrecklich enttäuschend, in einer Welt zu leben, in der eine solche Quote notwendig ist." Viel wichtiger noch als eine Frauen- ist für sie eine Diversity-Quote: „Es geht ja nicht nur um Frauen, wir brauchen in Vorständen und Aufsichtsräten auch Menschen, die sich offen zu ihrer Homosexualität bekennen, die

Autisten sind oder im Rollstuhl sitzen, um nur einige Beispiele zu nennen. Das zu ermöglichen wird die große Herausforderung der nächsten Jahre."

Dazu beitragen kann tägliche Aufmerksamkeit. Bei einem Flug mit einem Business-Jet bemerkt Jacqueline Wild, dass die Co-Pilotin wie selbstverständlich den Passagieren das Essen serviert, währen der Pilot hinter dem Steuerknüppel bleibt – obwohl beide für das Fliegen der Maschine qualifiziert sind. In ihrer direkten Art spricht sie ihre Beobachtung an – beim Rückflug serviert der Pilot. So schafft Achtsamkeit Veränderung.

Persönliches Fazit

Härte, Konsequenz, klare Sprache: Die Karriere von Jacqueline Wild zeigt, dass „männliche" Attribute bei einer Frau leicht zu einem falschen Etikett führen können. Sie zeigt auch, was auch als HAK-Absolventin möglich ist, wenn Fleiß und Wille da sind. Und sie zeigt, wie wichtig ein Mentor ist, der einen anstößt und sagt: He, mach das, du kannst das!

</

Johanna Pirker

(Informatikerin & Assistenzprofessorin an
der TU Graz);

Steckbrief<<<Gesucht>>>
| Mit Videospielen die Welt verändern

Johanna Pirker studierte an der TU Graz und schrieb ihre Masterarbeit am MIT. Sie ist Assistenzprofessorin an der TU Graz und leitet die Forschungsgruppe Game Lab Graz. Dort erforscht sie Spiele mit einem Fokus auf KI, HCI, Datenanalyse und VR-Technologien. Sie wurde im Bereich Wissenschaft auf die „Forbes' 30 Under 30"-Liste aufgenommen und mit dem Futurezone Women in Tech Award (2019), dem Käthe-Leicher-Preis (2020) und dem Hedy Lamarr Preis (2021) ausgezeichnet.

{Einen Zehenabdruck hinterlassen;

„Warum bist du da, wo du bist?" – „Weil ich mich über Probleme freue und als Wissenschaftlerin immer lernen möchte. Wenn eine Hypothese falsch ist, darf ich weiter forschen." Mit der ersten Frage sind wir schon mitten im Gespräch und ich bin beeindruckt von der jungen Professorin, die perfekt inszeniert mit Gamer-Kopfhörern in ihrem Playseat sitzt. Inszeniert? Null inszeniert. Authentisch. Sowas von.

Johanna Pirker legt eine unglaublich steile Karriere aufs Parkett, sie ist Informatikerin mit dem Fokus Spielentwicklung, hat an der TU Graz und am weltberühmten MIT studiert, erhielt mit einer Platzierung auf der „Forbes' 30 Under 30"-Liste den Ritterschlag und war zu ihren Anfängen als Uni-Professorin oftmals jünger als ihre Studenten.

Elternhaus, Ausbildung, Vorbilder – wie entsteht so eine Vita? Bei Johanna Pirker vermutlich durch die Freiheit, die ihr ihre Eltern gegeben haben. „Ich hab' mich mit drei Jahren vor den Computer meines Vaters gesetzt. Ich konnte zwar nicht schreiben, aber ich wusste, welche Tasten ich drücken muss, um zu meinem Lieblingsspiel zu kommen", erinnert sie sich an ihre ersten Erlebnisse am PC. Das Lieblingsspiel von damals ist eine multidimensionale Analogie. Bei „Prince of Persia" rettet der Prinz die Prinzessin. Einmal Klischee, bitte. Aber: „Ich habe den Prinzen gesteuert", betont Johanna mit einem Augenzwinkern.

Die falsche Frage

Das Computerspiel hat das Fundament für ihr Studium gelegt. Auch, wenn der Entschluss, dann Informatik zu studieren „eine Kopfentscheidung" war. „Ich war unentschlossen. Ich hatte immer ein Sammelsurium von Aktivitäten. Bei Informatik wusste ich, das hat das größte Zukunftspotenzial", erzählt die Professorin, die überzeugt ist, dass die Studienauswahl nur der erste Schritt ist und nicht die Bestimmung, was man bis zur Pension machen wird. „Wir stellen die falsche Frage", wirft sie in den Raum. „Welche falsche Frage?", frage ich. „Was willst du werden? Die Frage sollte lauten, was willst du tun", antwortet sie sogleich. „Zu sagen ‚Ich werde Informatikerin mit Schwerpunkt Spieleentwicklung' ist viel zu abstrakt." Darunter kann man sich als Kind, als Jugendlicher, als junge Erwachsene nichts vorstellen. „Beruf ist ein ständiges Wachstum. Wir wachsen innerlich. Wir experimentieren", sagt sie und betont, dass ihr ihr eigener Weg nie klar war.

Der Tag Null

Wenn der Weg nie klar war, wie hat er sich dann genau so entwickelt, frage ich sie. „Ich habe früh herumprobiert. Ich hatte nie Scheu oder Angst, dass ich etwas kaputt mache."– „Zugang und Freiheit" ist also ihr Fazit. Und warum gehen nun so wenige Mädchen und junge Frauen diesen Weg? Wo passiert das Momentum? In der Pubertät? „Viel früher", ist Johanna Pirker überzeugt: „Es fängt bei Tag Null an. In einem Babygeschäft gibt es eine rosa und eine blaue Abteilung, für Baby-Frau und Baby-Mann – und sie unterscheiden sich zu diesem Zeitpunkt noch nicht sehr", kommentiert sie mit zynischem Blick. Es gibt zwar Fortschritte: Lego hat etwa kürzlich bekannt gegeben, künftig nicht mehr eine gesonderte Mädchen- und Jungs-Linie auf den Markt zu bringen. Dennoch läuft es in der Regel so: Das Mädchen bekommt die Barbie zum Spielen, der Bub das Auto. Hier passiere unter anderem die Prägung, ist Johanna Pirker überzeugt: „Das macht was mit unseren Köpfen." Sie ergänzt: „Nun wissen wir schon, dass wir Mädchen auch traditionelles Bubenspielzeug geben sollten, aber einem Bub eine Barbie in die Hand geben, ist tabu?" Stimmt. Und bei Computerspielen sei das ähnlich. Viele erkennen nicht das Potenzial. „Bei Prince of Persia laufe ich durch eine bunte Welt; mit meinem Job kann ich so eine bunte Welt erschaffen. Ich kann meine Gedanken zeigen und andere in meine Welt einladen. Sie können herumspazieren und die Welt verändern. Informatik ist der kreativste Job."

Ausprobieren statt Verurteilen

Ein interessanter Ansatz finde ich, denn Computerspiele werden so oft verteufelt. „Zu Unrecht?", frage ich die Gaming-Expertin. „Ich denke, Eltern müssen ihren Kindern eine Vielzahl von Aktivitäten vermitteln. Wenn ein sonniger Tag ist, werde ich auf dem Berg sitzen, abends lese ich gern ein Buch, aber Videospielen ist genauso wertvoll. Wir befinden uns hier in einer Geschichts-Loop: Es wurden einst Bücher verbrannt, dann wurde das Fernsehen, später die Rockmusik verdammt. Heute sind es die Computerspiele." Minecraft löse bei den meisten Eltern Panik aus. „Minecraft ist schlicht das Lego der Neuzeit", sagt sie. „Anstatt dass sich die Eltern mit ihrem Kind hinsetzen und gemeinsam eine Runde Minecraft spielen, verteufeln sie es. Das ist die ständige Angst vor dem Neuem", attestiert Johanna Pirker und gibt die Devise aus: „Ausprobieren und nicht zuerst verurteilen." Sie selbst konfrontiert sich ständig mit Neuem. „TikTok verblödet", erklärt jeder über 15 – Aber man kann es sich auch ansehen, verstehen, wie TikTok funktioniert. So hat Professor Pirker zu ihrem neuen Hörsaal gefunden. Skeptisch, oder neugierig, wollte sie die Plattform Twitch kennenlernen. Der Gedanke „Warum geht man auf eine Plattform, um anderen beim Spielen zuzusehen?" hat sie angetrieben. „Ich wollte wissen, wie es funktioniert, es selbst lernen, das Potenzial für mich entdecken. Heute führe ich dort meine Lehre durch – und es hören mir nicht 40 Personen zu, wie in einem Hörsaal, sondern manchmal sogar 400."

Von Männern für Männer

Wie divers ist die Gaming-Welt, würde ich gern von der Expertin erfahren. Johanna Pirker wird sehr ernst bei dem Thema. Ich war mir der Dimension meiner Frage gar nicht bewusst. „Spiele wurden über lange Zeit teilweise nicht von diversen Teams entwickelt, sondern von rein männlichen. Der Hauptcharakter ist wie in der Filmwelt männlich, Frauen spiele die Nebenrollen – und diese Frauen entsprechen den Stereotypen", erläutert sie und ergänzt: „Von Männern für Männer. Der Bereich muss vielfältiger werden. Wir brauchen diverse Teams – nicht nur, was das Geschlecht angeht, sondern Hautfarben, Altersgruppen, einfach alles." Um diese Diversität zu erreichen, braucht es Frauen in der Informatik. Wie können wir diese hereinlocken, ist meine nächste Frage. Die Antwort ist klar: „Für mich gehört eine gute Informatik- und Medienkompetenz ins Schul-Curriculum." Dies müsse genauso vermittelt werden wie Mathematik. „Wir lernen Geschichte, aber warum lernen wir nicht auch, was in die Zukunft schaut. Wir müssen die Zukunftslehre in die Schule bringen." Denn Informatik in der Schule heißt zu oft „Word" lernen. Die Gegenstände gehörten miteinander vernetzt, Coding mit dem Chemieunterricht verbunden. Nur so könne man das Potenzial der Informatik erkennen, ist Pirker überzeugt. „Wir müssen Anwendung zeigen."

Die Erde ist eine Scheibe

Können wir nun aus der virtuellen Welt für die reale Welt lernen? Definitiv. „Auf der Twitch-Plattform gibt es neben dem Video einen Chat, in dem die User mich ansprechen und untereinander kommunizieren können. Sage ich auf der Uni im Hörsaal: „Die Erde ist eine Scheibe", sitzen mir die Studierenden vielleicht schweigend gegenüber, fragen eventuell gegen Ende nach, wie ich dies gemeint hatte. In Twitch wäre die Hölle los – die Chats beginnen unter den Zuhörenden. Ich muss mich dem stellen", beschreibt Johanna Pirker die Situation. Diese Funktionen gäbe es zwar genauso auf anderen Collaboration-Plattformen, aber es sei dort nicht Kultur, sie so intensiv zu nutzen. Ein wichtiger Unterschied. Somit dauert eine Session, die als Vorlesung auf der Uni 30 Minuten umfasst, auf Twitch eineinhalb Stunden. „Die Leute fangen mehr zu denken an."

Die Einstellung zur Spielewelt müsse somit etwas überdacht werden. „Videospiele können mich aus klassischen Denkmustern rausreißen." Ein Beispiel: Das Adventure-Game *Path Out* – Hier nimmt man die Rolle eines Buben ein, der auf der Flucht von Syrien nach Europa kommt. „Ich kann in andere Rollen schlüpfen und damit Erfahrungen sammeln. Das fördert Empathie und Verständnis." Dies ist ein starker Antrieb für die junge Professorin, die an mehr Chancengleichheit durch Digitalisierung glaubt. „Ich habe am MIT ein Physiklabor gesehen, das zwei Millionen Dollar kostet. Wenn ich es virtuell darstelle, kann ich es mehr Leuten, überall auf der Welt zugänglich machen. Mein Traum ist es, dass zum Beispiel ein Kind in Afrika einfach in das Labor gehen kann", unterstreicht sie und ergänzt: „Deswegen muss alles Open Source und frei verfügbar sein. Eine Lernumgebung für alle."

Wie schafft man das nun, zu den 30 Besten unter 30 zu gehören und welche Ziele hat jemand, der so jung so viel erreicht hat? „Ich sehe ständig Probleme und will etwas Gutes tun", fasst sie kurz die Antwort zusammen und holt aus: „Es wäre schön, eine größere Veränderung zu hinterlassen. Es kann in unserer Gesellschaft viel verbessert werden, meine Lebenszeit ist begrenzt, mein Impact ist begrenzt, einen Mini-Fußabdruck, einen Zehenabdruck hinterlassen wäre schön."

Der Multiplikator

Reizt eine Wissenschaftlerin nicht auch die glänzende Industrie, mit hohen Gehältern und viel Ruhm? Ich glaube, ich bekomme ein „Jein" darauf zu hören: „Ich leb' mich voll in der Wissenschaft aus. Ich kann 100 Menschen die Spielentwicklung näherbringen. Das ist eine Multiplikator-Rolle. Wenn nun diese Menschen Spiele entwickeln, habe ich etwas bewirkt, mehr bewirkt, als wenn ich für ein Spiel bekannt werde. Das macht mich glücklicher. Der Impact, den ich in einem Forschungs- und Lehrraum habe, ist was extrem Schönes, aber alles in mir zieht auch in Richtung eigene Firma."

Das heißt für die Zukunft? „Unser Leben verändert sich ständig. Unser Lebensweg ist nicht gegeben, sondern wir müssen eine Flexibilität zulassen. Darauf muss man sich einlassen. In der Informatik passiert ständig etwas Neues. Ich bin sehr dankbar, dass ich in einer Welt leben darf, die mich immer herausfordert", resümiert sie und schließt ab: „Solange ich jeden Tag ein neues Problem finde ..."

Persönliches Fazit

Die ständige Neugier und diese positive Herangehensweise an Probleme sind ein faszinierender Ansatz. Der wahrlich spielerische Zugang zum Vorantreiben einer Karriere und gleichzeitig das Streben, etwas zu verändern und einen Zehenabdruck zu hinterlassen, zeigt eine unglaubliche Bescheidenheit, gepaart mit einer faszinierenden Klugheit und Umsetzungsstärke.

{Jede auf ihre Art;

18 Frauen – zwischen Ende 20 und Mitte 70, alle anders und alle haben etwas gemeinsam: Es sind beeindruckende Frauen, sie haben interessante Karrieren, sie sind inspirierende Role Models.

Ich habe für mein Buch genau danach gesucht. Und ich habe sie gefunden. Sie haben mich alle fasziniert – jede auf ihre Art. Und ich habe viel gelernt – von jeder etwas anderes.
Bei diesen unterschiedlichen Lebensgeschichten, den vielen Gedanken und konkreten Karrieretipps, komme ich nicht umhin mich zu fragen: Was sind nun die Erfolgsfaktoren?

Meine zehn Empfehlungen für eine erfolgreiche Karriere

1. Sei mutig
Das ist eine Eigenschaft, die wirklich alle Frauen hier mitbringen. Sie sind mutig. Oftmals ganz unterschiedlich. Der Mut zieht sich durch die Lebensläufe und den Alltag – bei großen und bei kleinen Entscheidungen. Es ist mutig, als erste in der Familie zu studieren, es ist mutig, in ein fremdes Land zu gehen, um da einen neuen Job anzunehmen, es ist mutig die Branche zu wechseln, aber es ist auch mutig, in einem Meeting seine Stimme zu erheben.

0101010101010101010101010101010101010101180

„Der Sprung nach ganz oben als CEO, eine andere Industrie, ein andres Land, das ist schon eine Herausforderung", sagte zum Beispiel Maria Zesch in unserem Gespräch. Mut ist aber auch, Dinge auszuprobieren, von denen man nicht weiß, dass oder ob man sie kann. Pam Maynard sagt das in einem kurzen Satz: „Man darf keine Angst vor Fehlern haben." Dieser Gedanke hilft sicher bei einer Karriere und im Beruf. Denn Mut braucht alles außerhalb der Komfortzone.

2. Nutze die Chancen

Es klingt so simpel, so klar und so selbstverständlich, aber das ist es nicht. Ich habe öfter, als mir lieb ist, gesehen, dass Frauen die Chancen, die ihnen geboten werden, nicht nutzen. Sie trauen sich vieles einfach nicht zu. Sie bewerben sich nicht für den Job, sie schreiben nicht den Businessplan. Elena Skvortsova, die unerschrocken ihren Weg geht, meinte dazu: „Das Leben hat mir so viele Chancen gegeben, da konnte ich mich nicht verstecken, sondern musste zugreifen." Oftmals glaubt jemand anderer mehr an einen selbst, oder erkennt das Potenzial, das man an sich selbst noch nicht entdeckt hat, da sollte man nicht bescheiden die Option zurückweisen, sondern ins sprichwörtliche kalte Wasser springen. Was soll schon passieren? Man scheitert wesentlich seltener als man denkt.

3. Arbeite hart

Muss man Workaholic sein, um Karriere zu machen? Meine klare Antwort: jein, vielleicht punktuell. Ich habe allerdings von keiner dieser Frauen in all unseren Gesprächen gehört, wie wichtig ihnen die Work-Life-Balance ist. Natürlich ist sie es, aber alle, alle, alle, haben für ihren Erfolg hart gearbeitet. Keiner ist der Erfolg in den Schoß gefallen. Fleiß und Hingabe sind nicht optional. Und ja, Frauen müssen härter arbeiten als Männer, um dasselbe zu erreichen. Sarah

Spiekermann hat das hart formuliert: „Als Frau muss man noch immer das Zehnfache leisten, um den gleichen Erfolg zu ernten. Ein Mann wäre mit meinem CV ein Star." Stimmt leider. Darum sollte man etwas tun, das man gerne tut. Das zu finden ist die Challenge. Und Johanna Pirker hat dafür treffende Worte gefunden: „Wir stellen die falsche Frage: Was willst du werden? Wir sollten die Frage stellen: Was willst du tun?"

Mir ist ganz wichtig zu sagen: Die harte Arbeit lohnt sich, denn mit der harten Arbeit kommt der Erfolg und bei der Arbeit erfolgreich zu sein, ist ein großartiges, motivierendes Gefühl.

4. Sei neugierig
Neugier gehört zu den entscheidenden Lebenseinstellungen. Neugierig sein und neugierig bleiben ist eine Aufgabe. Alle Kinder sind unglaublich neugierig. Sie fragen einen Löcher in den Bauch, warum der Himmel blau ist, wie ein Regenbogen entsteht. „Sei neugierig! Das ist der rote Faden, der sich durch mein Leben zieht", sagt Francine Beleyi. Für Nina Schmidt ist es die „Lernbereitschaft", die man mitbringen muss. Neugier, Lernbereitschaft und die Liebe zu Herausforderungen gehören zu jeder Karriere dazu. Der Wunsch, sich weiterzuentwickeln, Neues zu erfahren und den Horizont permanent zu erweitern, bringen einen nicht nur im Job voran, sondern auch als Mensch.

5. Vergiss Perfektionismus und sei pragmatisch
Vielen Frauen steht ihr Perfektionismus im Wege. Vielleicht ist es die Angst, Fehler zu machen oder jene vor dem Scheitern oder eventuell das Gefühl, nicht gut genug zu sein. Perfektionismus ist ein Hemmschuh. „Ich bin kein Perfektionist. Da ist man schneller und das bringt einen weiter", sagt Sophie Chung aus tiefster Überzeugung. Für Pam Maynard war es eines der wichtigsten Learnings. Sie beschreibt es gar als einen Wende-

punkt in ihrer Karriere, als ein Personalberater ihre Perfektion ansprach und meinte, ihr Perfektionismus bremse sie und
ihr Umfeld. „Zu diesem Zeitpunkt begann ich zu verstehen,
dass 80 Prozent manchmal gut genug sind." Statt dem Perfektionismus darf sogar manchmal der Pragmatismus Einzug
halten. „Genauigkeit und Struktur gepaart mit meinem Pragmatismus ist eine gute Kombination, um die gefühlten 150
täglichen Themen gut zu bewältigen. Dazu gehört auch die
Erkenntnis, dass man nicht alles bis ins letzte Detail wissen
muss", weiß Sonja Wallner.

6. Sei laut und direkt und umsetzungsstark

Interessant finde ich, dass keine meiner Interviewpartnerinnen je empfohlen hat, sich aus Themen rauszuhalten,
diplomatisch und zurückhaltend zu sein. Nein, sie sind alle
Kämpferinnen – für ihre Meinung, für ihre Überzeugung, für
ihre Karriere. Sophie Chung bezeichnet das als „Bias for Action". Große Träume und gute Ideen alleine reichen nicht, das
Theoretisieren hat keinen dieser CVs gemacht, sondern die
Umsetzungsstärke. Sich Gehör zu verschaffen, laut, direkt
sein, Gedanken zu teilen und schlicht sagen, was man will,
gehören dazu, um zu bekommen, was man will.

7. Bleib' begeistert

Sie hat mich wahrlich mitgerissen bei unseren Gesprächen:
Die Begeisterung und die Begeisterungsfähigkeit meiner
Interviewpartnerinnen. Alle diese Frauen strahlen einen
unglaublichen Optimismus und eine Leidenschaft für das,
was sie tun und wie sie es tun, aus. Die Begeisterung für
ihre Arbeit scheint nie zu versiegen. Vermutlich wird sie von
Erfolgen oder vielleicht auch gleichermaßen von Rückschlä-
gen angetrieben, von der Neugier und vom Entdeckerdrang.
Auch wenn viele Frauen vielleicht einen nicht stringenten
Lebenslauf haben, mit anderen Studien gestartet sind oder

ihre Berufswahl geändert haben, so scheint es, dass sie ihr Feld, ihre Berufung gefunden haben – auf ihrem individuellen Weg. Sophie Chung ist studierte Medizinerin und Start-up-Gründerin, Christine Antlanger-Winter wollte eigentlich Kunstgeschichte studieren, Dorothee Ritz startete als Journalistin, Sarah Spiekermann wollte zum Film und Martina Mara studierte Publizistik und ist Roboter-Psychologin – es sind beeindruckende Beispiele, wie Laufbahnen entstehen und wo sie einen hinführen – aber immer mit Begeisterung.

8. Sei empathisch

Ich habe in den meisten meiner Gespräche die Frage gestellt, mit welchen Eigenschaftswörtern die interviewten Frauen sich selbst beschreiben würden. Jenes Wort, das ich am meisten gehört habe, war Empathie. Spannend, weil dies „endlich" einmal eine Eigenschaft ist, die als „klassisch weiblich" bezeichnet wird. Christine Antlanger-Winter fordert Empathie als neuen Leadership-Skill ein. Mit der Empathie und der Rolle der Empathie kommen wir zu der Frage, ob und wie männlich Frauen sein müssen, um erfolgreich zu sein. Die Antworten waren da ganz unterschiedlich. Die einen sagten Ja, die anderen Nein. Jacqueline Wild findet, wenn Frauen klare Worte finden und Dinge direkt ansprechen, werden sie da gerne reingedrängt. Stimmt vielleicht.

9. Sei selbstbewusst und resilient

„Ohne Selbstbewusstsein wird man aufgefressen." Ich danke Sophie Chung für diese klaren Worte. Das Selbstbewusstsein ist ein großes Thema – für alle Frauen. Als „schüchtern und unsicher" bezeichnete sich Lisa-Marie Fassl einst. Pam Maynard erwähnt es vielfach in unserem Gespräch. Ich finde es beeindruckend, dass diese erfolgreichen Frauen es offen ansprechen, wie sie lernten und lernen, selbstbewusst zu sein. Viele von uns sind vielleicht nicht von Kindertagen an vor Selbstbewusstsein strotzend ins Leben gestartet, aber die gute Nachricht ist: Selbstbewusstsein kann man lernen und Selbstbewusstsein muss man lernen. Mit dem Selbstbewusstsein kommt das Selbstvertrauen, um mutige Entscheidungen zu treffen und seinen Weg zu gehen. Und dies wird jede Frau brauchen, denn je höher es die Karriereleiter hinaufgeht, desto mehr Gegenwind wird einem entgegenkommen. Dazu braucht es die Resilienz, die Widerstandsfähigkeit, um weiterzumachen.

10. Nutze Mentoren und Netzwerke

Eines vergessen wir nur allzu oft: um Rat zu fragen, uns helfen zu lassen und die Kraft der Community zu nutzen. Ganz unterschiedlich stehen unsere Frauen zu Mentoren und Netzwerken. Sich Mentoren zu suchen ist laut Pam Maynard ein Erfolgsrezept, andere wiederum – so auch ich selbst – hatte nie einen Mentor, der sie aktiv unterstützt hat und Wege gezeigt oder geebnet hat. Ähnlich verhält es sich mit Netzwerken. Netzwerke nutzen ist so naheliegend und so einfach. Interessant ist, dass gerade die Nicht-Österreicherinnen sehr intensiv Netzwerke ansprechen. „Viele Frauen unterschätzen die Bedeutung von Netzwerken. Und das ist ein Fehler", ist Dorothee Ritz überzeugt.

Die Digitalisierung und die digitalisierte Welt brauchen Frauen wie sie – und Frauen wie Sie! Die Digitalisierung ist die größte Veränderung, sie ist allumfassend und ein Gamechanger. Sie prägt die Welt, in der wir leben und die Welt, in der wir arbeiten. Und der Digitalisierungsgrad wird sukzessive zunehmen, alle Branchen und Lebensbereiche erfassen. Bei diesem Prozess müssen wir Frauen dabei sein und wir müssen ihn selbst gestalten, aktiv gestalten, führend gestalten und aus der ersten Reihe gestalten. Wir müssen uns gegenseitig unterstützen und helfen.

Daher mein Plädoyer:

Berührungsängste abbauen, mutig sein und Neues wagen, neugierig in diese – vielleicht fremde – Welt eintauchen, Optionen erkennen und Chancen nutzen, selbstbewusst sich etwas zutrauen, fragen und probieren – und unseren Role Models in ihren Fußstapfen folgen und damit selbst neue erschaffen.

|**Christiane Noll** ist zufällig in die IT-Branche gekommen und absichtlich geblieben. Ihre Tech-Karriere startete sie Mitte der 1990er Jahre bei dem einstigen Start-up Update AG. Dieses hat sie mit aufgebaut, entwickelt und geprägt. Danach wechselte sie zum Software-Giganten Microsoft. Hier war sie Teil der Geschäftsführung der österreichischen Niederlassung. Seit 2016 ist sie Geschäftsführerin der Avanade Österreich und begleitet ihre Kunden durch den Veränderungsprozess der digitalen Transformation. Christiane Noll ist seit über zwei Jahrzehnten eine engagierte Mentorin und Netzwerkerin. Sie fördert und unterstützt Frauen – aus Überzeugung und als Herzensangelegenheit.

</
{Epilog;

(Fabiola Noll);

„Ich will so sein wie du, aber auf meine Weise", schreibe ich meiner Mama auf die Rückseite eines Fotos von uns beiden. Wir sind zwar nicht immer einer Meinung – sie nennt mich ihre „größte Kritikerin" und ich werde schnell sauer, wenn sie mir sagt, dass ich „einfach" an mich glauben soll –, doch es gibt niemanden, der mich mehr beeindruckt als sie.

In einer Welt, in der besonders Frauen viel zu oft vorgeschrieben wird, wie sie zu sein haben, lässt sie sich nicht beirren. „Lass da nix gfalln", sagte sie immer zu mir. Ihren Sinn für Gerechtigkeit lebte sie mir bereits als Kind vor, egal ob sie gerade Streit schlichtete, oder sich gegen blöde Bemerkungen von weißen alten Männern wehrte.

Dieses unglaubliche Selbstbewusstsein, wie es meine Mama hat, fiel mir auch bei den Frauen in diesem Buch auf. Ist es denn das, was sie alle so erfolgreich macht? Jede einzelne hat eine ganz eigene Geschichte mit unterschiedlichen Träumen und Talenten. Was sie jedoch alle vereint, ist der Mut, Neues zu probieren, der Ehrgeiz, viel Arbeit in ihre Aufgaben hineinzustecken und das Vertrauen in sich selbst.

Ich hingegen hinterfrage mich ständig und zweifle oft an meinen Entscheidungen. Dabei zeigen diese Frauen genau, dass es hier kein Richtig oder Falsch gibt. Ihr Erfolg liegt in ihrer Individualität. Sie sind keine Vorbilder, weil ihr Lebenslauf zehn Seiten füllt oder sie hunderten MitarbeiterInnen sagen, was sie zu tun haben. Sie sind Vorbilder, weil sie ihren eigenen Weg gehen und sich dabei von nichts und niemandem aufhalten lassen. Sie geben mir Hoffnung, auch eines Tages sagen zu können: „I made it."

{Quellenangaben;

Jagen in der Steinzeit
https://www.science.org/
doi/10.1126/sciadv.abd0310
Zusammenfassung: https://www.sci-
nexx.de/news/geowissen/jagten-maen-
ner-und-frauen-einst-gemeinsam/

Ada Lovelace
https://www.fembio.org/biographie.
php/frau/biographie/ada-lovelace-
byron/
https://www.mpg.de/frauen-in-der-
forschung/ada-lovelace

Grace Murray Hopper
https://gi.de/persoenlichkeiten/
grace-hopper
https://www.heise.de/newsticker/
meldung/Die-Mutter-des-Compilers-
Zum-100-Geburtstag-von-Grace-Mur-
ray-Hopper-125438.html

Die ENIAC-Frauen
https://www.frauen-informatik-ge-
schichte.de/index.php-id=63.htm
www.bossinnen.com/podcast

**Frances Elisabeth „Betty" Synder
Holberton**
https://www.computer.org/profiles/
frances-snyder-holberton

**Kathleen „Kay" MacNulty Mauchly
Antonelli**
https://mathshistory.st-andrews.
ac.uk/Biographies/Antonelli/

Frances V. Bilias Spencer
https://www.bossinnen.com/post/eni-
acfrauen

Marlyn Wescoff Melzer
http://wit.library.cornell.edu/
show.html?id=46

Ruth Teitelbaum
https://de-academic.com/dic.nsf/
dewiki/1210293

Betty Jean Jennings Bartik
https://www.computer.org/profiles/
betty-jean-bartik

Evelyn Boyd Granville
https://www.britannica.com/biogra-
phy/Evelyn-Granville
https://massivesci.com/articles/
evelyn-boyd-granville-ibm-project-
vanguard-mercury-apollo/

Mary Kenneth Keller
https://www.digitalretropark.net/
blog/frauen-in-der-it-schwester-ma-
ry-kenneth-keller/

Kathleen Booth
https://medium.com/@BatmanPriddy/
kathleen-booth-7bb303fb15be

Frances E. Allen
https://computerwelt.at/news/fran-
ces-e-allen-ein-leben-fuer-die-in-
formatik/

Katherine G. Johnson
https://www.derstandard.at/sto-
ry/2000114991172/nasa-pionierin-kat-
herine-johnson-im-alter-von-101-jah-
ren-gestorben

Margaret Hamilton
https://www.derstandard.at/sto-
ry/2000104884076/margaret-hamil-
ton-sie-schoss-die-maenner-auf-
den-mond

Carol Shaw
https://www.rosieriveters.com/
carol_shaw_the_first_female_video_
game_developer

{Fotoquellen;

Radia Perlman
https://de-academic.com/dic.nsf/dewiki/1152530
https://www.captechu.edu/blog/dr-radia-perlman-one-of-first-female-programmers-and-inventor-internets-protocols

Stephanie Shirley
https://www.br.de/wissen/stephanie-shirley-computer-software-pionierin-frau-geschichte- frauengeschichte-100.html
https://plus.tagesspiegel.de/gesellschaft/computer-pionierin-stephanie-shirley-ich-unterschrieb-briefe-mit-steve-65603.html

Whitney Wolfe Herd
https://www.diepresse.com/5937618/bumble-grunderin-whitney-wolfe-herd-wer-ist-die-junge-milliardarin
https://www.vogue.de/lifestyle/artikel/whitney-wolfe-herd-bumble-self-made-milliardaerin-juengste-frau-boerse-interview

Fabiola Gianotti
https://www.wilhelmexner.org/medalists/fabiola-gianotti/
https://www.geo.de/magazine/geo-magazin/1484-rtkl-fabiola-gianotti-im-interview-wir-muessen-wissenschaft-und-religion

Sophie Chung Qunomedical GmbH
Sabine Herlitschka Infineon Austria/Welisch
Ina Wagner Maia Townsend
Lisa Marie Fassl Marcella Ruiz-Cruz
Sonja Wallner A1 / Rene Del Missier
Sarah Spiekermann David Payr
Hanna Lux Erika Büttner
Dorothe Ritz E.ON Energie Deutschland GmbH / Alex Schelbert
Martina Mara Paul Kranzler
Nina Schmidt Matthias Pusnik, MP Media Werbeagentur
Francine Beleyi Francine Beleyi
Elena Skvortsova OMV
Martina Lindorfer Luiza Puiu
Maria Zesch TAKKT/Altmann
Christine Antlanger Klaus Vyhnalek
Pam Maynard Avanade
Jacqueline Wild Marcel Lehner
Johanna Pirker Johanna Lamprecht
Christiane Noll Avanade/Inmann

{Danke;

Mein wunderbarer Mann, der mich seit 30 Jahren begleitet – dir möchte ich besonders danken für deine nie endend wollende Unterstützung und Liebe.

Meine wunderbare Tochter, die größte Challengerin – Dir danke ich für deine Direktheit. Ich bin unsagbar stolz auf dich, wie du dein Leben meisterst.

Meiner wunderbaren Familie möchte ich danken für die immerwährende Liebe und dafür, dass wir immer aneinander glauben. – Meiner Mutter, die mir gezeigt hat, wie wichtig ein Miteinander ist, meiner Schwester, die bedingungslos für mich da ist, Dominik, der mich fordert, Niki, der mir die Grenzen aufzeigt, und meinen Herzenskindern Rosalie, Ida, Maximilian und Amelie.

Katharina Riedl, du meine Kämpferin, Aufgeben ist keine Option – danke für den Kick, für das Anspornen und für deine Ehrlichkeit.

Arne Johannsen, ohne deinen allerbesten publizistischen Support wäre das Buch immer noch in Kinderschuhen. Danke dafür.

Großes Danke an Pam Maynard, Dorothee Ritz, Maria Zesch, Jacqueline Wild, Elena Skvortsova, Christine Antlanger-Winter, Hanna Lux, Martina Mara, Sarah Spiekermann, Ina Wagner, Francine Beleyi, Lisa Marie Fassl, Sonja Wallner, Sabine Herlitschka, Martina Lindorfer, Johanna Pirker, Sophie Chung und Nina Schmidt für euer Vertrauen, eure Offenheit und den Willen, junge Frauen zu fördern und die IT-Welt diverser und inklusiver zu machen.

Ganz besonders dankbar bin ich meinem Team. Den Menschen, die mich seit Jahren begleiten und mit mir durch Dick und Dünn gehen – Martina, Tanja, Tanja, Christina, Kathrin, Christina, Lililan, Astrid, Phillip, Günter, Christoph, Ahmed, Robert, Michael, Michael, Carsten, Christian, Franz, Nadine und Hans-Peter.

Danke an meine Freunde, die mich immer supporten, die mit mir lachen, mein Leben balancieren und mich stetig daran erinnern, was wirklich wichtig ist. Kathi, Jaqui und Iris – euch möchte ich besonders für euer offenes Ohr und eure unterstützenden Worte danken!

<3

{Liebe Leserin, lieber
Leser, hat Ihnen dieses
Buch gefallen?;

Dann freuen wir uns über Ihre Weiterempfehlung,
Austausch & Anregung unter leserstimme@styriabooks.at

Inspirationen, Geschenkideen und gute Geschichten
finden Sie auf www.styriabooks.at

© 2022 by Molden Verlag
in der Verlagsgruppe Styria GmbH & Co KG
Wien – Graz

ISBN 978-3-222-15091-3

Bücher aus der Verlagsgruppe Styria gibt es
in jeder Buchhandlung und im Online-Shop
www.styriabooks.at

Idee und Konzept: Katharina Riedl, Christiane Noll
Text: Arne Johannsen, Katharina Riedl
Projektleitung: Ulli Steinwender
Lektorat: Julia Herrele
Cover, Layout und Illustrationen: Buero Blank,
Caroline Plank-Bachselten

Druck und Bindung: Finidr
Printed in the EU

7 6 5 4 3 2 1

0 1 0 1 0 1 0 1 0 1 0 1 0 1 0 1 0 1 0 1 0 1 0 1 0 1 0 1 0 1 0 1 0 1 1 9 2